_____ 님께

달빛처럼 은은한

틱낫한 스님 미소가

그대에게 가 닿기를…

틱낫한 명상

THE MIRACLE OF MINDFULNESS

Copyright © 1975, 1976 by THICH NHAT HANH
All Rights Reserved

Korean translation copyright © 2013 by Bulkwang Publishing Co.
Korean translation rights arranged with Beacon Press through EYA(Eric Yang Agency)

이 책의 한국어판 저작권은 EYA(Eric Yang Agency)를 통해 Beacon Press와 독점계약한 불광출판사에 있습니다.
저작권법에 의하여 한국 내에서 보호를 받는 저작물이므로 무단전제와 복제를 금합니다.

살아가는 모든 순간을 기적으로 바꾸는
틱낫한 명상

이현주 옮김

불광출판사

일러두기

- '마음챙김'이란 불교 명상의 한 갈래로, 자신의 경험을 판단하지 않고 있는 그대로 바라보는 수행을 일컫는다. 마음챙김을 통해 자신을 있는 그대로 알게 됨으로써 어리석음과 부적절한 욕망에서 오는 고통으로부터 자유로워지게 된다.
- 이 책은 1974년 틱낫한 스님이 남베트남 청년 사회봉사단의 꾸엉 형제에게 보낸 베트남어 편지를 영어로 옮겨 책으로 묶은 *The Miracle of Mindfulness*를 한국어로 옮긴 것이다.
- 주석 가운데 한국어 옮긴이가 단 것은 뒤에 '옮긴이'라고 표시했다. 나머지는 영어 옮긴이가 달았다.

추천하는 글

틱낫한 스님의 글은 마치 호흡을 관찰하며 한 걸음, 한 걸음 나아가는 수행 같이 전개됩니다. 그런 글쓰기는 읽는 이로 하여금 집중도를 높이는 데 도움을 주는데, 책의 내용 또한 삶 속에서 일어나는 작은 이야기에서 시작되고 마무리되지요.

스님 책을 읽는 동안 나 자신도 몇 번씩 호흡을 의식하며 책 읽는 나 스스로를 관찰하게 되니 한 페이지, 한 페이지가 마치 관찰 수행 같기만 합니다. "출렁이는 물결도 물이듯이 어지러워진 마음도 역시 마음이고, 마음으로 마음을 붙들 수 있을 때 미혹된 마음이 참마음으로 바뀐다."는 그 말씀 되새기며, 스님 책이 많은 이의 미혹된 마음을 참마음으로 바꾸어놓기를 기대합니다.

정목 합장

차례

추천하는 글 7

제1장
근본 수행 12
시간에서 자유로워지는 법 15
설거지를 위한 설거지 18
그대 손에 들린 찻잔 20
오렌지를 먹는 법 22
근본 수행 24

제2장
기적은 땅 위를 걷는 것 28
기적으로 꽉 찬 인생을 사는 법 31
앉기 34
호흡 붙들기 37
숨결 따라가기 41
고요하게 숨쉬기 45
호흡 헤아리기 47
모든 행동이 의식이다 49

제3장
마음챙김하며 사는 하루 54
마음챙김의 날 57
아침 59
점심과 오후와 밤 61

제4장
조약돌 64
앉아서 명상하기 67
조약돌 되기 70
마음 지켜보기 73
마음으로 마음을 볼 때 76
마음이 마음 안에 머물 때 80

제5장
하나가 모두, 모두가 하나 82
탁자에서 우주를 보기 85
고통에서 해방되기 89
삶과 죽음의 파도 타기 92

제6장
그대 뜰의 복숭아나무 96
세 가지 현실 99
밀물 소리 103
명상은 드러내고 치유한다 106
자기 돌봄, 세상 돌봄 109
물은 더욱 맑아지고, 풀은 더욱 푸르러지고 113

제7장
세 가지 훌륭한 대답 116
황제의 세 가지 질문 119
살 만한 세상 만들기 127

제8장
마음챙김 수행법 130

옮긴이 글 157

제1장
근본 수행

시간에서 자유로워지는 법

어제 앨런이 아들 조이를 데리고 왔어요. 조이 녀석 참 빠르게도 자랐더군요. 벌써 일곱 살인 데다가 불어와 영어를 유창하게 합니다. 길거리에서 얻어들었을 상말도 곧잘 해요. 이곳에서 아이들 기르는 걸 보면 우리가 고향에서 아이 기르던 방식과는 많이 다릅니다. 이곳 부모들은 "아이의 성장을 위해 자유는 반드시 필요하다"고 믿지요. 나하고 이야기를 나누는 두 시간 동안 앨런은 계속해서 조이를 지켜봐야 했어요. 녀석이 장난치고 재잘거리고 틈틈이 우리를 방해하는 바람에 대화를 제대로 나눌 수가 없었지요. 내가 아이들 그림책을 주었지만 거의 쳐다보지도 않은 채 옆으로 던져버리고는 다시 우리 대화를 훼방 놓는 거예요. 녀석은 끊임없이 어른들 눈길을 끌려고 했지요.

나중에 조이는 이웃집 아이와 놀려고 옷을 입고서 밖으로 나갔어요. 내가 앨런에게 물어봤어요. "가정생활이 쉬운가?" 대답 대신, 애나가 태어난 뒤로 지난 몇 주간 잠 한 번 푹 잘 수 없었다고 말하더군요. 한밤중에 수우가 그를 깨워서 애나가 잘 자고 있는지 살펴보라고 부탁한다는 거예요. 그의 아내인 수우도 너무나 고단했거든요. "일어나서 아기를 살펴보고 돌아와 다시 잠을 잡니다. 어떤 때는 그러기를 하룻밤에 두세 번씩 하지요." 내가 물었어요. "가족과 함께 사는 게 혼자 사는 것보다 쉽던가?" 앨런은 대답을 하지 않더군요. 그러나 나는 이해했어요.

그에게 다른 걸 물어봤지요. "가정이 있으면 덜 외롭고 더 안전하다는 사람들이 많던데, 정말 그런가?" 앨런은 머리를 끄덕이며 뭐라고 속으로 중얼거렸습니다. 역시 나는 이해했어요.

그때 앨런이 말했지요. "시간을 얼마든지 넉넉하게 쓸 수 있는 방법 한 가지를 발견했어요. 전에는 마치 시간이 여러 토막으로 나뉘어 있기라도 한 듯이 내 시간을 따로 찾곤 했지요. 한 토막은 조이를 위해 쓰고, 다른 한 토막은 수우를 위해 쓰고, 또 다른 토막은 애나를 위해 쓰고, 다른 토막은 집안일에 쓰고서 남은 것을 내 시간으로 삼았습니다. 그 시간에 책도 읽고 글도 쓰고 조사연구도 하고 산책도 했어요. 그러나 이제는 더 이상 시간을 여러 토막으로 나누려 하지 않습니다. 조이와 함께하는 시간, 수우와 함께하는 시간을 내 시간으로 여기지요. 조이의 숙제를 도와줄 때는 그 애 시간을 내 시간으로 삼는 법을 찾아봅니다. 아이 곁에서 함께 공부를 하며 그 시간 우리가 하는 일에 흥미를 느끼는 방법을 찾는 거예요. 그렇게 조이를 위한 시간을 내 시간으로 바꾸는 겁니다. 수우하고도 마찬가지지요. 놀라운 건 이제 나 자신을 위한 시간을 얼마든지 쓰게 되었다는 사실입니다!"

앨런은 이렇게 갈하면서 웃었어요. 나는 놀랐습니다. 내가 알기로 앨런은 시간에서 자유로워지는 법을 책에서 배우지 않았습니다. 그것은 하루하루 살면서 자기 스스로 발견한 비결이었어요.

설거지를 위한 설거지

30년 전, 내가 뚜히에우 사원에서 풋내기 사미승으로 있을 때에는 설거지가 결코 즐거운 일거리는 아니었어요. 모든 스님들이 절로 돌아오는 안거(安居) 기간 내내 사미승 둘이서 어떤 때는 백 명도 넘는 스님들을 위해 음식도 만들고 설거지도 해야 했지요. 비누도 없었어요. 우리에게 있는 것이라고는 재와 벼, 왕겨, 코코넛 껍질이 전부였습니다. 특히 물이 꽁꽁 얼어붙은 겨울에는 높다랗게 쌓여 있는 그릇들을 닦는 일이 정말 힘들었지요. 수세미질을 시작하기 전에 먼저 큰 솥에 물을 붓고 데워야 했어요.

요즘엔 부엌에 액체 비누도 있고 특별히 만든 수세미도 있고 기분 좋게 쏟아져 나오는 더운물도 있지요. 지금은 설거지를 즐기기가 아주 쉬워졌어요. 누구라도 서둘러 설거지를 마치고 나서 차 한 잔을 마실 수 있게 됐습니다. 비록 내 빨래는 내 손으로 합니다만, 옷 세탁기가 나온 것은 봐줄 수 있어요. 그러나 그릇 세척기는 아무래도 좀 심한 것 같군요.

설거지를 할 때에는 설거지만 해야 합니다. 설거지를 할 때에 자기가 설거지를 하고 있음을 알아차려야 한다는 말이에요. 처음에는 그런 단순한 일에 왜 그리 역점을 두는지 좀 이상해 보일 것입니다. 그러나 바로 그게 요점이에요. 내가 여기 서서 그릇을 닦고 있다는 사실이 그대로 놀라운 현실입니다. 내 숨을 따라, 내가 여기 있다는 사실과 내 생각, 내 행동을 죄다 알아차림으로써 완전하게 나 자신으로 존재하는 거예요. 그러면 물결 위에서 이리저리 떠다니는 병처럼 생각 없이 떠밀려 다닐 리 없겠지요.

그대 손에 들린 찻잔

내가 미국에 있을 때 짐 포레스트라는 친구를 가까이 사귀었습니다. 8년 전 우리가 처음 만났을 때, 그는 가톨릭 평화연맹에서 일을 하고 있었지요. 지난겨울, 그가 우리 집에 왔어요. 나는 늘 저녁 식사를 마치면, 모두 둘러앉아 차를 마시기 전에 설거지를 했습니다. 하루는 짐이 자기가 설거지를 하겠다더군요. 그래서 내가 말했지요. "좋아, 하시게. 그런데 설거지를 하려면 설거지하는 법을 알아야만 하네." 짐이 대꾸했어요. "아무렴, 내가 설거지도 할 줄 모를까봐 그런 말을 합니까?" 내가 대답했지요.

"설거지하는 법에는 두 가지가 있지. 하나는 그릇을 깨끗하게 하려고 설거지를 하는 것이요, 다른 하나는 설거지를 하려고 설거지를 하는 걸세."

짐이 기쁘게 말했어요. "좋아요, 두 번째 방법을 택하겠어요. 설거지를 하기 위해서 설거지를 하는 거요." 그때 이후로 짐은 설거지하는 법을 제대로 알게 됐어요. 나는 기꺼이 그에게 한 주일 내내 설거지 책임을 넘겨주었지요.

설거지를 하면서 뒤에 차 마실 일만 생각하고, 그래서 마치 성가신 일을 처리하듯 서둘러 그릇을 씻는다면, 우리는 '설거지를 하기 위해서 설거지를 하는 것'이 아닙니다. 게다가 설거지를 하는 동안 자기 삶을 알차게 살지도 못하는 거예요. 그런 상태로는 싱크대 앞에 서 있는 동안 결코 인생의 기적을 실현할 수 없습니다. 지금 설거지를 제대로 하지 못한다면 이따가 차도 제대로 마실 수 없겠지요. 차를 마시면서 다른 일을 생각하느라고 자기 손에 찻잔이 있는지도 모를 테니까요. 그렇게 아직 오지도 않은 미래에서 헤매느라고, 자기 삶의 한 순간도 알차게 살지 못하고 마는 겁니다.

오렌지를 먹는 법

몇 년 전에 있었던 일입니다. 내가 미국에서 짐과 함께 처음으로 여행을 할 때였는데 한번은 나무 아래 앉아 오렌지를 먹게 됐어요. 짐이, 자기가 앞으로 할 일에 대해 말하기 시작했지요. 앞으로 있게 될 매혹적이고 고무적인 일거리를 생각할 때마다 짐은 거기에 깊이 빨려 들어가, 말 그대로 지금 자기가 무얼 하고 있는지 자꾸 잊었어요. 그런 가운데 오렌지 한 조각을 입에 넣고는 그것을 미처 씹기도 전에 다른 조각을 넣으려고 하는 겁니다. 자기가 지금 오렌지를 먹고 있다는 사실을 거의 모르고 있었어요. 그래서 내가 이렇게 말해주었지요.

"입에 넣은 오렌지를 먼저 먹게나."

짐은 깜짝 놀라 지금 자기가 하고 있는 일을 깨달았어요. 지금까지 그는 오렌지를 전혀 먹지 않은 것 같았습니다. 그가 무엇을 먹었다면 장래 계획을 먹었던 거지요.

오렌지는 여러 조각으로 나뉘어 있습니다. 만일 그대가 한 조각을 제대로 먹을 수 있다면, 그대는 아마도 오렌지 전체를 먹을 수 있을 겁니다. 한 조각을 먹지 못하면 전체도 먹을 수 없습니다. 짐은 알아들었지요. 천천히 손을 내리고 입 안에 든 오렌지 조각에 마음을 모았어요. 신중하게 씹어서 모두 삼킨 다음 다른 조각을 입에 넣었습니다.

뒤에 짐이 반전(反戰) 활동을 하다가 투옥되었을 때, 나는 그가 좁은 감방에서 잘 견뎌내고 있는지 염려되어 짤막한 편지를 보냈지요.

"우리가 함께 나눠 먹던 오렌지를 기억하는가? 그대가 거기 있는 것도 오렌지와 같다네. 그것을 잘 먹어서 그것과 하나 되시게. 내일이면 더 없을 테니까."

근본 수행

30년쯤 전 절에 첫 발을 들여놓았을 때, 스님들이 내게 바오손 사원의 족테 스님께서 쓰신 『일일 근본 수행』이라는 작은 책을 주면서 그것을 암기하라고 했습니다. 얇은 책이었어요. 그러나 40쪽이 될까 말까 한 그 책에는 족테 스님이 하루하루 사는 동안 당신 마음이 깨어있도록 하는 데 도움이 된 그분의 생각들이 모두 담겨 있었습니다. 아침에 일어나면 먼저 이렇게 생각하는 겁니다. "이제 일어났구나, 바라노니 모든 사람이 저마다 큰 깨달음을 얻어 밝은 눈으로 볼 수 있기를!" 손을 씻을 때는 이렇게 생각하면서 당신 마음을 한데 모으는 거예요. "손을 씻으면서, 바라노니 모든 사람이 깨끗한 손으로 현실을 받아들이기를!"

그 책은 이런 문장들로 가득 차 있었습니다. 목적은 초보 수행자로

하여금 자기 의식을 꼭 붙들도록 돕는 데 있었지요. 족테 스님께서는 그렇게 쉬운 방식으로 우리 젊은 사미승들을 도와 『염처경(念處經)』에서 가르치고 있는 내용을 수행하도록 하셨던 겁니다. 옷을 입고, 설거지를 하고, 목욕을 하고, 잠자리를 개고, 물통을 나르고, 이를 닦는 등, 모든 행동을 할 때마다 우리는 의식을 놓치지 않기 위해 그 책에 적혀 있는 생각들 가운데 하나를 써먹을 수 있었습니다.

『염처경』*에서는 이렇게 말합니다.

"걸어갈 때 수행자는 마땅히 자기가 걷고 있음을 알아야 한다. 앉아 있을 때 수행자는 마땅히 자기가 앉아 있음을 알아야 한다. 누워 있을 때 수행자는 마땅히 자기가 누워 있음을 알아야 한다. (…) 몸으로 어떤 자세를 취하고 있든지 수행자는 마땅히 그렇게 하고 있음을 알고 있어야 한다. 이렇게 수행함으로써 수행자는 몸소 한결같은 마음챙김 상태를 유지하며 살아갈 수 있는 것이다."

* 경전에 보면 부처님은 선정(禪定)에 이르기 위하여 자기 호흡을 이용할 것을 항상 가르치신다. 마음챙김을 유지하기 위해 호흡을 이용하는 법을 가르치는 경은 『안반수의경(安般守意經)』이다. 이 경전은 중앙아시아 출신 베트남 스님 쿠옹탕호이가 3세기 초에 번역하고 주석했다. 이 경전을 부처님 시대에 쓰던 말로 부르면 '아나빠나사띠 숫따(Ānāpānasati Sutta)'인데, '아나빠나(ānāpāna)'는 호흡(들숨 날숨)을 뜻한다. '사띠(sati)'는 마음챙김을 뜻하는데, 쿠옹탕호이 스님은 이 말을 '마음지킴'으로 번역했다. 그러니까 『안반수의경』은 마음챙김을 위하여 호흡을 이용하는 법에 관한 경전이다. 이 경전은 『중아함경(中阿含經)』 118번째 경전이며, 호흡을 이용하는 열여섯 가지 방법을 가르치고 있다.

그러나 자기 몸의 자세에 마음을 모으는 것만으로는 충분치 못합니다. 우리는 우리의 모든 숨결, 모든 동작, 모든 생각과 느낌, 남들과 맺는 모든 관계를 스스로 알고 있어야 합니다.

경전의 가르침이 목적하는 바는 무엇일까요? 이와 같은 마음챙김 수행을 할 시간을 어디서 찾을 것입니까? 만일 우리가 온종일 마음챙김 수행만 한다면 좀 더 좋은 세상을 건설하는 데 필요한 시간은 어디서 얻을 것입니까? 어떻게 앨런은 자기 일을 하고 조이의 공부도 도와주고 애나 기저귀도 빨면서 동시에 마음챙김 수행을 할 수 있을까요?

제2장
기적은 땅 위를 걷는 것

기적으로 꽉 찬 인생을 사는 법

앨런은 말하기를, 조이와 수우의 시간을 자기 시간으로 여기자 '시간을 얼마든지 넉넉하게 쓸 수 있게 됐다고 했습니다. 그러나 아마도 이론 상으로만 그럴 거예요. 왜냐하면 의심할 나위 없이 조이와 함께 숙제를 하면서 조이의 시간을 자기 시간으로 여기기를 깜박 잊고 그래서 결국 자기 시간을 잃어버릴 테니까요. 어쩌면 그 시간이 자기 자신의 것이 아니기에 지금 시간 낭비를 하고 있다는 생각이 들어서 빨리 지나가기를 바라거나 조바심이 들거나 할는지도 모를 일입니다. 그러므로 앨런이 정말 '시간을 얼마든지 넉넉하게' 쓰고자 한다면, 조이와 함께 공부를 하는 동안 계속해서 '이 시간이 내 시간'이라고 알아차려야 하는 거예요. 그러나 사람의 마음이라는 게 어쩔 수 없이 다른 생각들로 어지러워지게 되어 있어요. 이런 이유로 정말로 깨어있는 삶을 살고자 한다면, 진정 그러하길 원한다면 따로 명상 수행을 할 때만이 아니라 지금 여기 날마다의 일상생활 속에서 수행을 해야 합니다.

마을로 가는 오솔길을 걸을 때 그대는 마음챙김 수행을 할 수 있습니다. 푸른 풀 무더기로 덮여 있는 흙길을 걸을 때 마음챙김하며 걷기를 수행하면 그대는 마을에 닿는 그 오솔길을 체험하게 될 거예요. '나는 지금 마을로 가는 오솔길을 따라 걷고 있다.' 이 한 생각을 놓치지 않도록 해보십시오. 맑은 날이든 궂은 날이든, 길이 말라 있든 젖어 있든, 이 한 생각을 유지하는 거예요. 그러나 기계처럼 그냥 반복만 하지 않도록 하세요. 기계적인 생각은 마음챙김의 반대입니다. 마을로 가는 오솔길을 따라 걷는 동안 진정으로 그렇게 하고 있음을 마음챙김하면 떼어 놓는 발걸음 하나하나가 그대로 끝없이 경이로울 것이며, 한 송이 꽃 같은 기쁨이 우리 가슴을 열어 우리가 세상의 참모습을 만나도록 이끌 것입니다.

내가 지금 경이로 가득 찬 대지를 걷고 있는 줄 알면서, 벼와 잡초가 양쪽에 자라는 시골길을 한 발 한 발 마음챙김하며 걷는 것이 나는 참 좋습니다. 그럴 땐 존재 자체가 기적 같고 신비스런 현실이지요. 사람들은 흔히 물 위를 걷거나 공중을 걸으면 기적이라고 생각합니다. 그러나 내 생각에는 물이나 공중을 걷는 게 기적이 아니라 땅 위를 걷는 게 기적이에요. 날마다 우리는 미처 깨닫지 못한 채 기적을 겪고 있는 겁니다. 파란 하늘, 흰 구름, 푸른 잎사귀, 호기심에 찬 어린아이의 검은 눈동자, 우리 자신의 두 눈, 이 모두가 기적이지요.

앉기

족테 스님은 말씀하시기를, 사람이 앉아서 명상을 할 때에는 척추를 곧추세우고서 이런 생각을 내야 한다고 하셨습니다. "이 자리에 앉아 있는 것은 보리수 아래 앉아 있는 것과 같다." 보리수 아래란 부처님이 깨달음을 얻으신 바로 그 자리를 말하지요. 누구든지 부처님이 될 수 있고, 깨달음을 얻은 헤아릴 수 없이 많은 사람들이 모두 부처님이라면, 지금 내가 앉아 있는 자리에 수많은 사람이 앉았다는 얘기가 됩니다. 부처님이 앉았던 그 자리에 앉아 있는 것이 곧 행복의 씨앗이요, 마음챙김하며 앉아 있는 것 자체가 곧 부처님으로 되는 것입니다.

시인 응우엔꽁쭈는 어떤 장소에 앉아 있다가 그와 같은 경험을 했지요. 같은 장소에 과거의 많은 사람이 앉았고 미래에도 역시 많은 사람이 앉을 거라는 사실을 갑자기 알게 됐던 거예요.

지난날 많은 이들 앉았던
같은 자리에 오늘 나 앉아 있네.
천년 뒤에도 여전히
사람들은 와서 앉아 있겠지.
노래하는 자 누구며, 듣는 자 누군가?

그가 앉았던 자리와 거기서 보낸 시간들은 이제 영원한 현재 속에서 하나의 연결고리가 되었습니다.

그러나 바쁘고 관심사가 많은 사람들은 푸른 초원에 난 오솔길을 걷거나 나무 그늘에 앉아 있을 만큼 한가하게 보낼 시간이 없지요. 사업 계획을 짜야 하고 이웃에 자문도 해줘야 하고 헤아릴 수 없이 많은 난제(難題)를 해결해야 하고… 수고스럽게 해야 할 일이 언제나 코앞에 있는 거예요. 온갖 종류의 어려운 일을 다루어야 하고, 상황을 유능하고 지혜롭게 처리하기 위해서 순간순간 일에 주의를 집중해야 한단 말입니다.

그대는 묻겠지요. "그렇다면 언제 마음챙김 수행을 할 것인가?"

내 대답은 이렇습니다. 언제나 눈길을 지금 하고 있는 일에 집중하세요. 어떤 상황이 전개되든 능력 있고 지혜롭게 처리할 수 있도록 늘 깨어있으십시오. 이것이 마음챙김입니다. 하고 있는 일에 주의를 집중하여 최선의 판단을 할 수 있도록 하는 것과 마음챙김이 서로 달라야 할 까닭이 없어요. 사람이 의논을 하고 문제를 해결하고 발생하는 일에 대처하여 좋은 결과를 보려면 고요한 마음과 자기 통제가 반드시 필요합니다. 그건 누구나 알고 있는 일이지요. 만일 우리가 자기를 통제 못하고 그 대신 조바심을 내거나 화를 낸다면, 우리 하는 일이 더 이상 가치 있는 일이 되지 못합니다. 마음챙김은 곧 기적이에요. 그것으로 우리는 자기를 제어하고 회복하지요.

보십시오. 예를 들어 한 마술사가 자기 몸을 여럿으로 잘라내어 각기 다른 곳에 나누어 놓습니다. 손은 남쪽, 팔은 동쪽, 다리는 북쪽, 이런 식으로 나누어 놓았다가 한 마디 기합 소리와 함께 그 모든 부분을 맞추어 다시 한 몸으로 만듭니다. 마음챙김이란 이와 같은 거예요. 그것은 한순간에 우리의 흩어진 마음을 불러들여 하나로 회복시키고, 그리하여 삶의 순간순간을 살 수 있게 하는 기적입니다.

호흡 붙들기

마음챙김은 수단이면서 목적이고 씨앗이면서 열매입니다. 집중력을 기르기 위해 마음챙김을 수행할 때 마음챙김은 씨앗이지요. 그러나 마음챙김 자체가 깨어있는 삶이에요. 마음챙김의 현존이 곧 삶의 현존입니다. 그러므로 마음챙김은 열매이기도 한 거예요. 마음챙김은 우리를 망각과 산만함에서 자유롭게 해주며 삶의 순간들을 알차게 살 수 있도록 해주지요. 마음챙김이 우리를 살려주는 겁니다.

호흡은 우리를 산만함에서 지켜주는 자연스럽고 매우 효과적인 도구예요. 그러니 그대는 마음챙김을 유지하기 위해 숨 쉬는 법을 알아야 합니다. 호흡은 삶을 의식에, 몸을 생각에 연결지어주는 다리지요. 마음이 흩어질 때마다 그 마음을 다시 붙잡는 수단으로 호흡을 사용하십시오.

자기가 지금 숨을 깊이 들이쉬고 있다는 사실을 알아차리면서 편안하게 숨을 들이쉬세요. 이제 자기가 숨을 내쉬고 있다는 사실을 알아차리면서 폐 안에 있는 숨을 죄다 내쉬세요. 『염처경』에서는 다음과 같은 방법으로 숨을 쉬라고 가르치지요.

"숨을 들이쉬면서 마음챙김하고, 숨을 내쉬면서 마음챙김하라. 숨을 길게 들이쉬면서 '나는 숨을 길게 들이쉬고 있다'고 알아차린다. 숨을 길게 내쉬면서 '나는 숨을 길게 내쉬고 있다'고 알아차린다. 숨을 짧게 들이쉬면서 '나는 숨을 짧게 들이쉬고 있다'고 알아차린다. 숨을 짧게 내쉬면서 '나는 숨을 짧게 내쉬고 있다'고 알아차린다."

"온몸을 알아차리며 나는 숨을 들이쉬리라." 이렇게 자신을 닦습니다. "온몸을 알아차리며 나는 숨을 내쉬리라." 이렇게 자신을 닦습니다. "온몸을 고요히 하면서 나는 숨을 들이쉬리라." 이렇게 자신을 닦습니다. "온몸을 고요히 하면서 나는 숨을 내쉬리라." 이렇게 자신을 닦습니다.

불교 사원에서는 모두들 마음이 산만하게 흩어지는 것을 막고 집중력을 기르기 위해 호흡을 도구로 사용하는 법을 배우고 있습니다. 집중력은 마음챙김 수행을 하면 생겨나는 힘입니다. 집중력은 큰 깨달음을 얻는 데 도움이 되지요. 한 노동자가 자기 호흡을 붙들고 있을 때 그는 벌써 깨달은 사람이 된 거예요. 오랜 기간 마음챙김 상태를 유지하려면, 자기 호흡 지켜보기를 계속해야 합니다.

지금 이곳은 가을이라 황금빛 낙엽들이 참으로 아름답게 시나브로 지고 있어요. 호흡을 지켜보며 마음챙김을 유지하고서 10분쯤 숲길을 산책하면, 다시 신선하게 회복되는 자신을 느낍니다. 이렇게 나는 낙엽 한 장 한 장과 참으로 깊게 만날 수 있어요.

물론 시골길을 혼자 걸으면 마음챙김을 유지하기가 한결 쉽지요. 곁에 벗이 있어도 그가 말을 하지 않고 그냥 자기 호흡을 지켜만 본다면 별 어려움 없이 마음챙김할 수 있습니다. 그러나 그 친구가 말을 건네면 그때엔 좀 어려워지지요. 그대가 맘속으로, '이 친구 입을 좀 다물어야 내가 의식을 집중할 수 있겠는데' 하고 생각한다면 벌써 그대는 마음이 흩어져 있는 겁니다.

그러나 그대는 이렇게 생각할 수도 있어요. '이 친구가 말을 하고 싶다면 응해주겠다. 그러나 마음챙김을 계속하여, 우리가 이 길을 함께 걷고 있음을 알아차리고 우리가 말을 나누고 있음을 알아차리면서 내 호흡을 계속 지켜볼 수 있어.' 만일 이렇게 생각할 수 있다면 그대의 마음챙김은 계속될 것입니다.

혼자 있을 때보다 그런 상황에서 수행하기가 어려운 건 사실이에요. 그럼에도 불구하고 수행을 계속하면 더 큰 집중력을 기를 수 있을 것입니다. 베트남 민요에 이런 노랫말이 있어요. "무엇보다 어려운 건 집에서 도(道)를 닦는 것이요, 그다음으로 어려운 건 무리 속에서 닦는 것이요, 세 번째로 어려운 건 사원에서 닦는 것이다." 할 일도 많고 그래서 많이 움직여야 하는 상황에서 마음챙김하는 것이야말로 도전해 볼 만한 일이지요!

숨결 따라가기

최근에 시작한 외국인 대상 명상교실에서 내가 직접 경험해본 몇 가지 방법들을 소개하고 있습니다. 아주 간단한 방법들이에요. 초보 수행자들에게 나는 '숨결 따라가기'라는 방법을 일러줍니다. 한 학생을 바닥에 눕힌 다음, 그를 둘러싼 모든 수행자들에게 몇 가지 요점을 보여주지요.

1. 들숨과 날숨은 폐의 작용이고 가슴 부근에서 일어나는 운동이지만 복부도 한몫을 하고 있다. 폐에 공기가 차면 배가 솟아오른다. 숨쉬기를 시작할 때 배는 솟아오르기 시작한다. 그러나 3분의 2쯤 들이마신 뒤에는 배가 꺼져 내려간다.

2. 왜 그런가? 가슴과 배 사이에는 횡경막이라는 근육질 막이 있다. 사람이 숨을 제대로 쉬면 공기가 먼저 폐의 아랫부분을 채우게 되고, 폐의 윗부분이 다 차기 전에 횡경막이 복부를 눌러 배가 솟아오르게 된다. 공기를 계속 마셔 폐의 윗부분을 채우면 가슴이 부풀어 오르고 그래서 배가 다시 낮아지는 것이다.
3. 그래서 예부터 사람들은 말하기를, 숨이 배꼽에서 시작되어 코 끝에서 끝난다고 했다.

초보 수행자들에게는 바닥에 등을 대고 눕는 자세가 숨쉬기 공부에 많은 도움이 됩니다. 이때 무리하게 노력하지 않도록 경계하는 것이 중요해요. 과도한 노력은 폐에 위험을 가져올 수 있어요. 특히 여러 해 동안 잘못된 호흡을 해서 폐가 약해져 있는 경우에 그렇습니다. 시작할 때 수행자는 얇은 요나 담요에 등을 대고 반듯하게 눕고서 팔은 자연스레 양 옆으로 놓아둡니다. 베개는 베지 마세요. 의식을 날숨에 모으고 얼마나 깊게 이어지는지 관찰하십시오. 그러면서 마음으로 천천히 수를 셉니다. 하나, 둘, 셋… 이렇게 몇 차례 해보면 자기 숨의 '길이'를 짐작할 수 있게 되지요. 아마 다섯쯤 세면 끝날 거예요.

이제 수를 하나(또는 둘) 더 셀 때까지 늘여서 날숨의 길이가 여섯이나 일곱이 되게 해보십시오. 숨을 내뱉을 때 하나부터 시작하여 다섯까지 세다가 다섯에 가서는 전처럼 곧바로 들이쉬지 말고 여섯이나 일곱을 셀 때까지 숨을 늘이는 거예요. 재깍거리는 시계가 있으면 숨의 길이를 재는 데 도움이 될 것입니다. 이런 식으로 폐 속 공기를 더 많이 비울 수 있게 될 거예요. 숨을 다 내쉰 다음에는 폐가 신선한 공기를 받아들일 수 있도록 잠깐 숨을 멈추십시오. 그런 다음 일부러 노력하지는 말고 폐가 원하는 만큼 공기를 들이마시게 두세요. 대게 들숨이 날숨보다 짧을 거예요. 들숨과 날숨 길이를 마음으로 재어보십시오. 이렇게 반듯이 누워 자기 들숨과 날숨을 마음챙김하며 몇 주 동안 수행을 계속해보세요.

걷거나 앉거나 서 있을 때, 특히 외출했을 때 언제나 호흡을 재어보십시오. 걸을 때에는 발걸음을 가지고 호흡을 재어볼 수 있을 것입니다. 그러면 들숨과 날숨의 길이 차가 차츰 줄어들다가 한 달쯤 뒤에는 마침내 똑같아질 거예요. 날숨의 길이가 여섯이면 들숨도 여섯이 되겠지요.

호흡 연습을 하다가 피곤한 느낌이 들거든 곧 중단하십시오. 고단한 느낌이 들지 않더라도 호흡을 길고 고르게 하는 연습을 너무 오래는 하지 마세요. 열 번에서 스무 번 쯤이면 넉넉합니다. 조금이라도 피곤한 느낌이 들면 곧장 평상시 호흡으로 돌아가십시오. 피로감이야말로 우리 몸이 지니고 있는 탁월한 장치요, 일을 계속할 것인지 쉴 것인지를 일러주는 훌륭한 조언자입니다.

숨 길이를 잴 때 수를 헤아릴 수도 있고, 자기가 좋아하는 글귀를 이용할 수도 있습니다. 만일 자기 숨의 길이가 여섯이라면 여섯 단어로 된 글귀를 숫자 대신 쓰는 거예요. '지금 내 마음 무척 평화로이 있다네.' 일곱이라면 '나는 지금 푸른 풀밭 위를 걷고 있네'라고 할 수 있겠지요. 불교인이라면 '나는 부처님께 귀의합니다(I take refuge in the Buddha)'라고 할 수 있을 것이고, 기독교인이라면 '하늘에 계신 우리 아버지(Our Father who art in heaven)'라고 해도 됩니다.* 길을 걸을 때에는 발걸음 하나에 단어 하나를 일치시킵니다.

---

* 영어 원문에는 여섯 단어씩 되어 있지만, 우리나라 독자에게 익숙한 표현으로 옮기느라 부득이 단어 수를 맞출 수 없었습니다. - 옮긴이

고요하게 숨쉬기

모래 사이로 흐르는 가는 물줄기처럼 숨이 가볍고 고르고 부드럽게 이어져야 합니다. 또한 숨은 아주 고요해야 합니다. 곁에 있는 사람이 그대 숨소리를 들을 수 없을 만큼 고요해야 해요. 강물처럼, 물살을 건너는 물뱀처럼 우아하게 흘러야 합니다. 바위투성이 산줄기나 질주하는 말 같아서는 안 됩니다. 호흡을 다스리는 것은 몸과 마음을 다스리는 것입니다. 마음이 어지러울 때나 이런저런 방법으로도 자신을 통제하기 힘들 때, 호흡을 관찰하는 방법은 언제나 쓸모가 있지요.

명상을 하려고 앉을 때마다 곧장 호흡을 지켜보십시오. 처음에는 보통 때처럼 숨을 쉬다가 숨결이 고요해지고 들숨 날숨 길이가 고르게 길어질 때까지 차츰 속도를 늦추어 천천히 쉬세요. 자리에 앉는 순간부터 숨결이 깊고 고요해질 때까지 그대 안에서 일어나는 모든 일에 의식을 모으십시오.

『염처경』에 이르고 있습니다. "숨을 길게 들이쉬면서 '나는 숨을 길게 들이쉬고 있다'고 알아차린다. 숨을 길게 내쉬면서 '나는 숨을 길게 내쉬고 있다'고 알아차린다. 숨을 짧게 들이쉬면서 '나는 숨을 짧게 들이쉬고 있다'고 알아차린다. 숨을 짧게 내쉬면서 '나는 숨을 짧게 내쉬고 있다'고 알아차린다."

"온몸을 알아차리며 나는 숨을 들이쉬리라." 이렇게 자신을 닦습니다. "온몸을 알아차리며 나는 숨을 내쉬리라." 이렇게 자신을 닦습니다. "온몸을 고요히 하면서 나는 숨을 들이쉬리라." 이렇게 자신을 닦습니다. "온몸을 고요히 하면서 나는 숨을 내쉬리라." 이렇게 자신을 닦습니다.

10분이나 20분 쯤 뒤에, 그대의 생각들은 물결 하나 일지 않는 연못처럼 고요히 가라앉을 것입니다.

호흡 헤아리기

자기 호흡을 따라가는 방법으로 숨을 고요하고 고르게 할 수 있습니다. 이 방법이 좀 어렵다 싶으면 호흡을 헤아리는 것으로 대신할 수도 있어요. 숨을 들이쉬면서 마음으로 하나를 세고 내쉬면서 마음으로 하나를 셉니다. 다시 들이쉬면서 둘, 내쉬면서 둘을 세어 열까지 헤아린 다음 하나로 돌아가는 거예요. 이 헤아림은 마음을 모아 호흡에 붙잡아두는 끈과 같습니다.

그대는 이 방법을 출발점으로 삼아 늘 호흡에 의식을 모을 수 있게 될 것입니다. 그렇지만 마음챙김하지 않으면 금방 수를 놓치게 될 거예요. 수를 놓쳤거든 얼른 하나로 돌아가 정확하게 헤아릴 수 있을 때까지 계속하세요. 일단 호흡 헤아리기를 제대로 할 수 있게 되면, 이제는 숨을 세지 않고 그냥 숨 자체에 의식을 집중할 수 있는 단계에 이른 셈입니다.

무슨 일로 화가 나 있거나 마음이 어지러워서 마음챙김 수행을 하기 어려울 때에는 호흡으로 돌아가십시오. 호흡을 붙잡고 있는 것 자체가 마음챙김입니다. 호흡이야말로 의식을 놓치지 않는 아주 놀라운 방법이지요. 어느 종단에 이런 규칙이 있더군요. "마음의 산만함이나 주변 환경에 자기 자신을 잃어서는 안 된다. 몸과 마음을 다스리기 위하여, 마음챙김 수행을 위하여, 선정(禪定)과 지혜를 계발하기 위하여 호흡 수행법을 배워 익혀라."

모든 행동이 의식이다

아주 높은 담이 있고, 그 담 위에 올라서면 끝없이 넓은 세계를 한눈에 내려다볼 수 있다고 생각해봅시다. 그런데 그 담을 기어오를 수 있는 방법이 없고, 다만 담의 맨 꼭대기에서 가느다란 끈이 양쪽으로 나란히 드리워져 있습니다. 슬기로운 사람이라면 가느다란 끈의 한쪽에 조금 더 굵은 끈을 묶고 다른 쪽 끈을 잡아 당겨서 결국 가느다란 끈을 좀 굵은 끈으로 바꾸겠지요. 그러고 나서 다시 강한 밧줄을 한쪽에 묶고 다른 쪽을 잡아당겨 굵은 끈을 밧줄로 바꾸는 거예요. 이제 굵은 밧줄 한 끝을 다른 끝에 터끄러매면 그 밧줄을 타고 높은 담 위로 오르는 건 아주 쉬운 일이겠지요.

우리의 호흡이 바로 그 가느다란 끈과 같습니다. 일단 그것을 활용

할 줄 알면 도저히 어떻게 할 수 없을 것 같던 상황을 타넘을 수 있도록 우리를 도와주는 놀라운 도구가 될 수 있어요. 호흡은 우리의 몸과 마음을 이어주는 다리요, 우리의 몸과 마음을 화해시켜 하나로 되게 해주는 요소입니다. 호흡은 몸과 마음, 둘에 연결되어 있고, 호흡만이 몸과 마음을 한데 모아주며 둘을 함께 밝혀주고 평화와 고요함으로 이끌어주는 유일한 도구입니다.

많은 책과 사람들이, 올바른 호흡으로 얻게 되는 막대한 혜택에 대해 말하고 있지요. 숨을 쉴 줄 아는 사람은 끝없는 생명력을 일으켜 세울 줄 아는 사람이라고, 호흡이 폐를 튼튼하게 하고 혈액순환을 힘차게 하며 신체의 모든 기관에 활력을 불어넣는다고들 입을 모아 말합니다. 적절한 호흡이 음식보다 중요하다고 말하는 이들도 있어요. 모두가 옳은 말입니다.

몇 년 전, 내가 아주 많이 아팠던 적이 있습니다. 수년간 치료를 받고 약도 먹었지만 상태는 좋아지지 않았어요. 그래서 나는 호흡 명상으로 돌아갔지요. 고맙게도 호흡 명상으로 치료할 수 있었습니다.

호흡은 하나의 도구예요. 호흡 자체가 마음챙김입니다. 호흡을 도구로 사용하면 큰 혜택을 입을 수 있어요. 그러나 그것 자체를 목적으로 삼아서는 안 됩니다. 그 모든 혜택은 다만 마음챙김 수행을 실천함으로써 얻는 부산물에 지나지 않습니다.

외국인을 위한 작은 명상교실에는 젊은이들이 많이 나오고 있어요. 나는 그들에게 달해주지요. 하루에 한 시간씩 명상을 할 수 있다면 참 좋은 일이지만, 그 정도로는 만족할 수 없다고요. 그대는 길을 걷거나 서 있거나 눕거나 앉거나 일할 때, 손을 씻으면서 설거지를 하면서 마루를 닦으면서 차를 마시면서 벗과 이야기를 나누면서, 그 밖에 무슨 일을 하든지 그 일을 하면서 명상 수행을 해야 합니다.

"그대는 설거지를 하면서, 설거지를 마치고 마실 차에 대해 생각할 수 있다. 그래서 얼른 설거지를 끝내고 자리에 앉아 차 마실 궁리를 할 것이다. 그러나 그것은 그대가 설거지를 하고 있는 동안 제대로 자기 삶을 살지 못하고 있음을 의미할 따름이다. 설거지를 할 때에는 설거지가 그대 일생에 가장 중요한 일이어야 한다. 차를 마실 때에는 차 마시는 일이 그대 일생에 가장 중요한 일이어야 한다. 똥을 눌 때에는 똥을 누는 일이 그대 일생에 가장 중요한 일이 되게 하여라."

다른 일을 할 때도 마찬가지예요. 장작 패는 것이 명상이에요. 물 긷는 것도 명상이지요. 따로 앉아서 명상을 하거나 경전을 읽거나 기도를 하는 한 시간든 그럴 게 아니라 하루 스물네 시간 늘 마음챙김하며 살도록 하십시오. 행동 하나하나를 모두 깨어있는 마음으로 해야 합니다. 모든 행동이 그대로 하나의 의식(儀式)이요, 예식(禮式)이에요. 찻잔을 입에 가져가는 것도 의식입니다. '의식'이라는 말이 너무 무겁게 여겨집니까? 그대가 '깨어있음'이 사느냐 죽느냐를 판가름하는 문제라는 사실을 깨닫게 하려고 굳이 이 단어를 씁니다.

제3장
마음챙김하며 사는 하루

마음챙김의 날

날마다, 시간마다 우리는 마음챙김을 수행해야 합니다. 말하기는 쉽지만 그대로 하기는 쉬운 일이 아니지요. 내가 명상교실에 오는 사람들에게 저마다 한 주간에 하루를 떼어내어 그날만큼은 온종일 마음챙김 수행에 바치도록 힘쓰기를 장려하는 이유가 여기 있습니다. 원리로 말하면 물론 하루하루가 그대의 하루요, 시간시간이 그대의 시간이지요. 그러나 그런 경지에 이른 사람이 아주 적은 게 사실입니다.

우리는 가정, 직장 또는 사회가 자기 시간을 모두 앗아간다고 생각합니다. 그래서 나는 모든 이에게, 한 주간에 하루를 비워두라고 권면합니다. 토요일이 좋겠군요.

토요일을 그날로 정했다면, 좋습니다, 그날 하루는 온전히 그대의 날로 삼아야 합니다. 그날만큼은 그대가 하루의 주인이 되는 거예요. 그렇게 하면 매주 토요일이 그대를 마음챙김 수행을 습관처럼 하게 되는 경지까지 끌어올리는 지렛대가 될 것입니다. 평화단체나 봉사단체에서 일하는 사람은 누구든지 자신이 맡은 일이 아무리 절박해도 그날 '하루'를 가질 수 있어야 해요. 그렇지 않으면 염려와 일거리로 가득 찬 삶 속에서 자기 자신을 잃고, 그리하여 갈수록 쓸데없는 짓을 하게 될 우려가 있기 때문입니다. 무슨 요일을 선택하든지 그날 하루는 마음챙김의 날로 삼아야 합니다.

마음챙김의 날을 제대로 지키기 위해, 잠자리에서 일어나는 순간 오늘이 그날임을 상기시켜줄 만한 무슨 방법을 고안해내십시오. '마음챙김'이라고 쓴 쪽지나 나뭇가지 같은 것을 천장에 매달든지 벽에 걸어두고, 눈을 뜨자마자 그것을 보고서 오늘이 그날임을 기억하면 좋겠지요. 오늘은 그대의 날입니다. 그것을 기억하면서 그대가 온전히 마음챙김하고 있음을 확인시켜주는 웃음, 그대의 마음챙김을 더 깊고 완전하게 해주는 웃음을 지을 수 있을 거예요.

아침

아침에 잠을 깨거든 그냥 잠자리에 누워 있으면서 천천히 호흡을 따라갑니다. 고요히 길게 쉬는 숨에 의식을 모으세요. 그런 다음 천천히 자리에서 일어납니다. 늘 그러듯이 벌떡 일어나지 마세요. 동작 하나하나를 마음챙김하세요. 일어나서는 이를 닦고 세수를 하고, 아침 일과를 순서대로 조용히 편안하게 하는데, 모든 동작을 마음챙김과 함께하세요. 호흡을 놓치지 말고 따라가면서 생각이 흩어지지 않게 합니다. 모든 동작을 소리 없이 고요하게 해야 합니다. 조용하고 긴 호흡으로 발걸음을 헤아리세요. 그러는 동안 빙그레 웃고 있어야 합니다.

적어도 반 시간쯤 목욕을 하십시오. 천천히 마음챙김하며 몸을 씻고 나면 몸이 가벼워지고 신선해졌다는 느낌이 들 거예요. 그런 다음 그릇을 닦는다든가 책상의 먼지를 턴다든가 마루를 닦거나 책꽂이의 책들을 정리하는 따위 집안일을 하는데, 무슨 일을 하든지 천천히 편안하게 마음챙김하며 하십시오. 일을 해치우려고 하지 마세요. 모든 일을 편안하게 의식을 집중하여 하겠다고 결심하십시오. 일을 즐기면서 일과 하나가 되세요. 그러지 않으면 마음챙김의 날이 아무런 가치도 없게 됩니다. 무슨 일을 하든지 마음챙김과 함께하면 그 일이 골칫거리라는 느낌은 사라질 것입니다. 선사(禪師)들을 보십시오. 무슨 일을 하든지, 어떤 동작을 하든지 그분들은 천천히, 편안하게, 싫증 내지 않고 하십니다.

수행을 처음 시작한 사람들에게는 하루 종일 침묵하는 마음을 유지하는 게 아주 좋습니다. 그렇다고 마음챙김의 날에는 말을 하지 말라는 얘기가 아니에요. 말도 할 수 있고 나아가 노래를 부를 수도 있습니다. 그러나 말을 하거나 노래를 부를 때에 자기가 말을 하고 있고 노래를 부르고 있다는 사실을 잘 알아차리면서 하라는 거예요. 그리고 말과 노래를 최소한으로 아끼는 겁니다. 자기가 노래를 부르고 있다는 사실을 의식하고 무슨 노래를 부르고 있는지 알고 있는 한, 노래와 마음챙김 수행을 동시에 할 수 있습니다. 그러나 그대의 명상하는 힘이 약할 경우에 말을 하거나 노래를 부르면 마음이 더 쉽게 흩어진다는 사실을 유념하십시오.

점심과 오후와 밤

점심시간에는 스스로 음식을 준비하세요. 마음챙김하며 요리도 하고 설거지도 하십시오. 오전에는 집안을 청소하세요. 오후에는 일을 하거나 구름을 감상하거나 꽃밭을 돌보고 나서, 자리에 앉아 마음챙김하며 차를 마십니다. 차를 끓여 마시는 데 시간을 넉넉히 쓰도록 하세요. 일하다 말고 참 시간에 커피 한 잔 후룩 마시는 사람처럼 그렇게 마시지 마십시오. 지구를 굴리는 축인 양, 천천히 차분하게 차 한 잔을 마시는 겁니다. 천천히, 편안하게, 미래를 향해 서두르지 말고 마셔요.

  지금 이 순간을 사십시오. 지금 이 순간만이 삶입니다. 미래에 붙잡혀 있지 마세요. 앞으로 해야 할 일에 대하여 걱정하지 마십시오. 어떤 일을 어떻게 시작할까, 어떻게 마칠까를 생각하지 않습니다. '떠나는 것'에 대해서도 마찬가지예요.

> 울타리에 고요히 앉아 있는
> 새싹이 되어라.
> 웃음이 되어라. 놀라운 존재의
> 한 부분이 되어 이곳에 서 있어라.
> 떠나갈 필요는 없다.
> 우리 어린 시절의 고향처럼
> 고향은 그렇게 아름답다.
> 제발, 고향을 해치지 말고
> 노래를 계속 불러다오…
> -「황금빛 겨자꽃 들판 위의 나비」

오후에 그대는 경전을 읽고 그 구절들을 베끼거나 벗에게 편지를 쓸 수도 있고, 한 주간 동안 평소에 해야 했던 일 말고 즐거움을 주는 어떤 일을 할 수도 있습니다. 그러나 무슨 일을 하든지 마음챙김과 함께 하십시오.

저녁 식사는 아주 조금만 하세요. 밤 10시나 11시쯤, 앉아서 명상을 할 때 배가 비어 있으면 훨씬 더 쉽게 앉아 있을 수 있어요. 그런 다음, 신선한 밤공기를 마시며 천천히 산책하는 겁니다. 산책 중에 깨어 있는 마음으로 호흡을 따라가며 발걸음으로 숨 길이를 재어볼 수도 있겠지요. 마지막으로, 방에 돌아와 마음챙김하며 잠을 청하십시오.

일하는 모든 사람이 저마다 마음챙김의 날을 가질 수 있도록 갖은 애를 써야 합니다. 그 하루가 나머지 다른 날들에 끼치는 영향은, 헤아릴 수가 없습니다. 10여 년 전, 상즉회(相卽會, Order of Interbeing)의 형제자매들이 그 많은 곤경을 잘 헤쳐 나갈 수 있었던 건 모두 마음챙김의 날 하루를 제대로 지킨 덕분이었지요.

한 주간에 하루를 마음챙김의 날로 정하여 수행하기를 석 달만 하면 그대의 삶에 아주 큰 변화가 있게 될 것입니다. 마음챙김하며 사는 그 하루가 다른 날들 속으로 들어가 그대로 하여금 마침내 한 주간 내내 마음챙김하며 살 수 있도록 해줄 거예요. 마음챙김으로 사는 하루가 얼마나 중요한지에 대하여 그대도 내 생각에 동의할 줄 믿습니다.

제4장

조약돌

앉아서 명상하기

왜 우리는 명상을 해야 하는 걸까요? 무엇보다도 우리 모두에게 온전한 휴식이 필요하기 때문입니다. 우리는 밤마다 잠을 잡니다만 온전한 휴식을 취하지는 못합니다. 몸을 뒤척이고 얼굴 근육은 긴장돼 있고 밤새 꿈을 꾸고… 도무지 휴식이라 하기 어려운 일이지요. 마음이 불안해서 이리저리 몸을 뒤척인다면 자리에 누워 있는 것이 휴식일 수 없습니다.

베개를 베지 않고 반듯하게 누워 팔과 다리를 곧게 뻗는 자세는 호흡 명상을 하고 근육을 풀어주는 데 아주 좋습니다. 그런데 이 자세에서는 잠들기도 쉬워서, 누워서 하는 명상은 앉아서 하는 명상보다 오래 할 수가 없어요. 앉은 자세에서 온전한 휴식을 취할 수 있을 뿐 아니라 그대의 의식을 어지럽히고 틀어막는 걱정거리와 말썽거리를 해소하기 위한 명상에 더 깊이 들어갈 수 있습니다.

베트남에 있는 우리 봉사원들 가운데는 왼발을 오른쪽 허벅지 위에 놓고, 오른발을 왼쪽 허벅지 위에 놓는 완벽한 결가부좌로 앉을 수 있는 사람이 많이 있어요. 한쪽 발만 다른 쪽 허벅지에 올려놓는 반가부좌로 앉는 사람도 물론 있지요. 파리에 있는 명상교실에는 위의 두 가지 자세를 불편해하는 사람이 많아서 나는 그들에게 일본식으로 꿇어앉는 법을 가르쳐주었습니다. 발목 부근을 베개로 고이고 꿇어앉으면 한 시간 반 이상 앉을 수 있어요. 처음에 얼마쯤 통증이 있긴 해도, 누구나 반가부좌로 앉는 법을 익힐 수 있습니다. 몇 주간만 연습하면 그 자세가 차츰 편해질 것입니다. 연습하는 기간 동안 통증이 심해지거든 다리를 바꾸거나 앉는 자세를 다른 자세로 고쳐보십시오. 결가부좌나 반가부좌로 앉을 때에는 베개로 엉덩이를 받쳐 양쪽 무릎이 바닥에 닿도록 할 필요가 있습니다. 이런 자세로, 신체의 세 부분이 바닥에 닿으면 매우 안정된 자세를 이룰 수 있지요.

등을 바로 세웁니다. 아주 중요한 거예요. 목과 머리를 척추와 일직선을 이루어 곧추세우되 딱딱하게 나무토막 같아서는 안 됩니다. 시선은 1미터쯤 앞 바닥에 고정시킵니다. 할 수 있거든 반쯤 웃습니다.

이제 호흡을 따라가면서 온몸의 근육을 풀어줍니다. 등뼈를 곧추

세우고 호흡을 따라가는 데 의식을 집중합니다. 다른 모든 것은 그냥 두십시오. 모든 것을 놓아버리는 겁니다. 무슨 걱정거리로 굳어진 얼굴 근육을 풀고 싶거든 살짝 웃어보세요. 미소를 머금으면 모든 얼굴 근육이 풀어지기 시작하지요. 미소를 오래 머금을수록 좋습니다. 그게 바로 우리가 부처님 얼굴에서 보는 미소입니다.

왼손 바닥을 위로 하여 오른손 바닥에 놓습니다. 손, 손가락, 팔, 다리의 모든 근육을 쉬게 합니다. 모든 것을 놓아버리는 거예요. 미동도 없는 강바닥에 뿌리내린 수초처럼 물살을 따라 자연스럽게 흔들립니다. 그대의 숨결과 가벼운 웃음 말고는 아무것도 붙잡지 마세요.

초보 수행자들은 20분에서 30분을 넘기지 않는 게 좋습니다. 그 시간 동안 온전한 휴식을 취합니다. 그러는 데는 두 가지 기술, 즉 지켜보기와 내려놓기가 필요합니다. 호흡을 지켜보면서 다른 모든 것을 내려놓는 거예요. 온몸의 근육을 풀어주세요. 그렇게 15분쯤 지나면 평안과 기쁨으로 가득 찬 깊은 고요에 이를 수 있습니다. 그 고요한 평화를 유지하십시오.

조약돌 되기

 간혹 명상을 수고스러운 일쯤으로 여겨서 빨리 끝내고 쉬기를 바라는 사람들이 있더군요. 그런 사람들은 아직 앉는 법을 모르는 사람들이에요. 제대로 앉기만 한다면, 바로 그 앉는 자세에서 온전한 휴식과 평안을 발견할 수 있습니다. 가끔 강물에 가라앉는 조약돌을 상상하면 명상에 도움이 될 수 있어요.

 조약돌을 상상하는 것이 어떻게 도움을 줄까요? 반가부좌든 결가부좌든 자기한테 맞는 자세를 취하고 앉습니다. 등뼈 곧추세우고 반쯤 웃는 것, 잊지 마세요. 천천히 깊게 숨을 쉽니다. 호흡을 따라가면서 호흡과 하나가 되십시오. 이제 모든 것을 놓아버립니다. 그대 자신이 강물에 던져진 조약돌이라고 상상하세요. 조약돌은 아무런 수고도 하지 않고 물속으로 가라앉습니다. 모든 것을 놓아버린 조약돌이 가장 짧은 거리로 가라앉아 마침내 완전한 휴식처인 강바닥에 닿습니다. 그대는 모든 것을 놓아버리고 강물 속으로 가라앉는 조약돌입니다. 그대 존재의 중심에 그대의 호흡이 있어요. 강바닥 깨끗한 모래로 이루어진 완전한 휴식처에 이르기까지 시간이 얼마나 걸리는지를 계산할 필요는 없습니다. 이윽고 강바닥에 내려앉은 조약돌처럼 평안한 느낌이 들 때, 그때가 바로 그대 자신의 휴식을 찾기 시작하는 순간이에요.

그대가 만일 이렇게 앉아 있는 순간에서 평화스러운 기쁨을 발견할 수 없다면 미래는 흐르는 강물처럼 흘러가고 말 것입니다. 그것을 되돌릴 수 없을뿐더러, 현재로 온 미래도 제대로 살아갈 수 없을 것입니다. 기쁨과 평안은 바로 지금 앉아 있는 시간에만 있을 수 있는 기쁨과 평안입니다. 그것을 여기에서 찾지 못한다면 다른 어디에서도 찾지 못할 거예요. 그림자가 사물을 따르듯이 그대 생각을 따르지 마십시오. 그대 생각을 뒤쫓아 달리지 마세요. 지금 이 순간 기쁨과 평안을 찾으십시오.

지금 이 시간이 그대의 시간입니다. 그대 앉아 있는 이 자리가 그대의 자리입니다. 바로 이 시간, 바로 이 자리에서 그대는 깨달음을 얻을 수 있는 거예요. 어디 먼 곳의 특별한 나무 아래에 앉아 있을 필요가 없습니다. 이렇게 몇 달만 수행해보십시오. 깊고도 새로운 기쁨을 맛보게 될 것입니다.

    앉은 자세로 하는 명상이 편해지기는, 날마다 마음챙김 수행을 얼마나 하느냐에 달려 있지요. 그리고 그대가 규칙적으로 앉아 있느냐 아니냐에 달려 있어요. 가능하면 벗이나 친지 들과 함께 밤마다 한 시간씩, 예컨대 10시에서 11시까지 앉은 자세로 명상을 해보세요. 원하는 사람은 누구든지 와서 반 시간 또는 한 시간씩 앉아 있게 하세요.

마음 지켜보기

"명상의 유일한 목적은 휴식입니까?" 누군가 이렇게 물을지도 모르겠네요. 사실 명상의 목적은 그보다 훨씬 더 깊은 데 있습니다. 휴식은 명상이라는 여정에서 출발 지점이지만, 일단 휴식 상태에 들어서기만 해도 고요한 마음과 맑은 정신을 얻을 수 있습니다. 고요한 마음과 맑은 정신을 얻었다는 건 벌써 꽤 멀리 명상의 오솔길을 걸어왔음을 뜻합니다.

물론 마음을 고요하게 하고 정신을 맑게 하려면 우리의 느낌과 지각(知覺)을 관찰하는 수행을 해야 합니다. 그대 마음을 붙들고 있기 위해서는 깨어있는 의식으로 마음을 지켜보아야 해요. 안에서 일어나는 모든 느낌과 생각을 지켜보고 그것을 인식할 줄 알아야 합니다. 투

옹찌에우 선사께서는 이렇게 말씀하셨지요. "수행자가 자기 마음을 분명하게 안다면 별다른 노력 없이도 결과를 얻을 것이다. 그러나 자기 마음에 대하여 아무 아는 바가 없다면 모든 노력이 허사가 될 것이다." 그대 마음을 스스로 알고 싶다면 길은 오직 하나가 있을 뿐입니다. 그대 마음에 관한 모든 것을 지켜보고 그것을 인식하는 거예요. 이 일은 명상하는 동안만이 아니라 하루하루 살아가는 가운데 늘 이루어져야 합니다.

명상하는 동안 여러 느낌과 생각 들이 일어날 것입니다. 그대가 만일 깨어있는 의식으로 호흡을 지켜보지 않으면 그것들이 그대 마음을 마구 흐트러뜨릴 거예요. 그러나 호흡은 느낌과 생각 들을 쫓아버리는 수단이 아닙니다. 호흡은 다만 몸과 마음을 하나로 묶어주고 지혜의 문을 열어주는 수레일 뿐이에요. 느낌이나 생각이 일어날 때 그것들을 떨쳐버리려고 해서는 안 됩니다. 단지 계속해서 호흡에 의식을 집중하면 자연스럽게 느낌과 생각 들이 사라질 것입니다. 그것을 떨쳐버리려고 하지도 말고 미워하거나 걱정하거나 겁을 먹지도 마세요.

그러면 그런 생각이나 느낌 들에 대하여 무엇을 할 수 있을까요? 그냥 그것들이 그렇게 있다는 사실을 아는 겁니다. 예를 들어 슬픈 느낌이 일 때에는 곧장 '슬픈 느낌이 내 안에 일어났다'고 알아차립니다. 슬픈 느낌이 계속될 때에는 '슬픈 느낌이 아직 내 안에 있다'고 계속 알아차립니다. '밤이 깊었는데 이웃집에서 시끄러운 소리를 낸다'는 생각이 들면 그런 생각이 일어났음을 알아차립니다. 그 생각이 계속 남아 있으면 계속해서 알아차립니다. 그러다가 다른 느낌이나 생각이 일어나면 역시 같은 방식으로 그것을 알아차립니다. 중요한 것은 어떤 느낌이나 생각도 그것을 알아차리지 못한 가운데 일어나도록 두지 않는 거예요. 마치 궁궐의 경비병이 문간에 서서 드나드는 자들을 일일이 지켜보듯이 말입니다.

아무 느낌이나 생각이 일어나지 않거든 아무 느낌도 생각도 없음을 알아차립니다. 이렇게 수행을 하다 보면 자신의 느낌과 생각에 늘 깨어있는 상태로 될 수 있습니다. 그렇게 되면 머잖아 그대 마음을 붙들게 될 것입니다. 호흡을 마음챙김하는 방법과 느낌이나 생각을 마음챙김하는 방법, 우리는 이 두 방법을 아울러 사용할 수도 있지요.

마음으로 마음을 볼 때

마음챙김 수행을 하는 동안에는 선과 악의 분별에 예속되어 자신 안에 다툼을 조성하는 일이 없도록 하십시오. 건전한 생각이 일거든 '금방 건전한 생각이 일어났다'고 알아차리세요. 건전치 못한 생각이 일면 역시 '금방 건전치 못한 생각이 일어났다'고 알아차리십시오. 그것에 머물지도 말고 그것을 물리치려고도 하지 마세요. 그게 아무리 싫더라도 말입니다. 알아차리는 것으로 충분합니다. 잠깐 생각이 다른 데 가 있으면 생각이 다른 데 가 있음을 알아차려야 하고, 여전히 거기 있으면 여전히 거기 있음을 알아차려야 해요. 일단 그 정도로 깨어있게 되면 더 이상 두려워할 것이 없게 되지요.

내가 왕궁 대문의 경비병 이야기를 했을 때, 아마도 그대는 출구와

입구가 하나씩 있는 정문이 있고 그대 마음이 그 문의 경비병이라는 생각을 했을 겁니다. 어떤 느낌이나 생각이 들어오든지 간에 그대는 그것의 들어옴을 압니다. 그것이 나가면 그대는 그것의 나감을 알지요. 그러나 이 은유에는 흠점이 있습니다. 마치 정문을 들고나는 것들이 따로 있고, 그것들을 지켜보는 경비병이 따로 있다고 말하는 듯하거든요. 하지만 사실, 우리 느낌과 생각이 바로 우리입니다. 그것들이 우리의 한 부분이란 말입니다.

우리는 그것들을, 적어도 그것들 가운데 어떤 것을, 우리 마음의 집중과 이해를 훼방하려는 적수쯤으로 여기곤 합니다. 그러나 실인즉슨 우리가 화를 낼 때엔 '우리 자신'이 분노요, 우리가 행복할 때엔 '우리 자신'이 행복입니다. 우리가 어떤 생각을 품을 때엔 '우리 자신'이 바로 그 생각이지요. 우리는 경비병이면서 동시에 방문객입니다. 마음이면서 그 마음을 관찰하는 자예요. 그러기에 어떤 생각을 물리치느냐, 그 생각에 머물러 있느냐는 중요한 문제가 아닙니다. 중요한 것은 그 생각을 알아차리는 거예요.

이렇게 관찰하는 것이 마음을 객체화한다는 말은 아닙니다. 이때의 관찰은 주체와 객체를 구별하지 않아요. 마음은 마음을 움켜잡지 않고, 마음은 마음을 밀어내지 않습니다. 마음은 다만 저 자신을 지켜볼 수 있을 뿐이에요. 이때의 관찰은 관찰자와 동떨어진 어떤 외부의 객체를 지켜보는 그런 관찰이 아닙니다.

"한 손으로 내는 손뼉 소리가 무엇이냐?"를 묻는 선사의 공안(公案)을 기억하십시오. 아니면 혀로 느끼는 맛을 예로 들어서, 무엇이 맛과 미각을 구별짓습니까? 마음은 제 안에서 저를 직접 경험합니다. 이는 아주 중요한 사실입니다. 그래서 부처님은 『염처경』에서 "느낌 안에서 느낌을 지켜보고 마음 안에서 마음을 지켜본다."고 자주 말씀하시지요. 부처님께서 그런 말씀을 하신 것은 느낌이니 마음이니 하는 단어를 강조하기 위해서라고 말하는 이들이 있습니다. 하지만 그들은 부처님 뜻을 제대로 파악하지 못한 것 같습니다. 느낌 속에서 느낌을 지켜본다는 건 느낌을 느끼면서 곧장 그 느낌을 알아차린다는 뜻이지 느낌을 자기와 분리된 어떤 객체로 보기 위해서 만들어낸 느낌의 '모양(image)'을 응시한다는 뜻은 아닙니다. 부처님 말씀이 수수께끼나 역설 또는 말장난처럼 들리기도 합니다만, 느낌 안에서 느낌을 지켜본다는 건 마음 안에서 마음을 지켜보고 있는 마음을 뜻합니다. 무엇을 조사하기 위해 관찰자를 바깥에 두는 것은 과학의 방법이지 명상의 방법은 아닙니다. 따라서 경비병과 방문객의 모습은 깨어있는 의식으로 마음을 지켜보는 일을 설명하기에 적절한 은유라 할 수 없겠습니다.

마음은 이 나뭇가지에서 저 나뭇가지로 그네를 뛰며 숲을 헤매는 원숭이와 같다고 경전은 말하고 있지요. 아차 하는 순간에 원숭이 모습을 놓치지 않으려면 우리는 끊임없이 원숭이를 지켜보아야 하고 마침내 그것과 하나가 되어야 합니다. 마음과 그 마음을 지켜보는 마음은 물체와 그 물체의 그림자 같은 것입니다. 물체는 제 그림자를 떨쳐버릴 수 없지요. 둘은 하나입니다. 마음이 어디를 가든, 마음은 그 마음을 지켜보는 마음의 마구(馬具)에 매여 있습니다. 가끔 경전에서는 자기 마음 붙드는 것을 일컬어 "원숭이를 묶는다"고 표현하지요. 그러나 원숭이 역시 겉으로 드러나 보이는 바를 표현하기 위한 수단일 뿐입니다. 일단 마음이 직접 끊임없이 저 자신을 알아차리게 되면 마음은 더 이상 원숭이 같지 않게 됩니다. 마음이 두 개 있어서 하나는 이 가지에서 저 가지로 그네를 뛰고 다른 하나는 그 마음을 쫓아가 밧줄 같은 것으로 묶으려 하는 게 아니란 말씀입니다.

마음이 마음 안에 머물 때

명상 수행을 하는 사람은 흔히 깨달음을 얻기 위해 자기 본성을 들여다보고 싶어 하곤 합니다. 하지만 그대가 초보 수행자라면 '자기 본성 보기'를 기대하지 마십시오. 나아가 아무것도 기대하지 마세요. 특히 앉아 있는 동안에 부처님이나 다른 어떤 '궁극적 실체'를 보려고 기대하지 마십시오.

처음 여섯 달 동안은 집중력을 기르고 내면의 고요함과 청정한 기쁨을 맛보려고만 노력하세요. 불안을 떨쳐버리고 온전한 휴식을 즐기며 마음을 고요하게 가라앉힐 수 있을 것입니다. 또한 사물을 더 넓고 밝게 보면서 그대 안에 있는 사랑을 더 깊고 힘 있게 만들 수 있을 거예요. 그리고 주변에 있는 모든 사람을 좀 더 잘 도와줄 수 있을 것입니다.

앉아서 하는 명상은 그대의 정신을 기르는 것이면서 마찬가지로 그대의 몸을 기르는 것이에요. 앉아서 명상하는 동안 우리 몸은 조화를 이루고 가벼워지고 더욱 편안해집니다. 마음을 관찰하는 데서 자기 본성을 들여다보는 데까지 가는 길도 그리 험하지 않을 것입니다. 일단 마음을 고요하게 할 수 있게 되면, 느낌과 생각이 더 이상 그대를 어지럽히지 않게 되면, 그때부터 마음은 마음 안에 머물기 시작할 것입니다. 마음이 더 이상 주체와 객체를 분별하지 않는 무경계의 경이로운 방법으로 마음을 붙들 거예요. 차 한 잔을 마실 때에도, 차 마시는 사람과 목구멍으로 넘어가는 차 사이의 분별이 사라집니다. 차 한 잔 마시는 행위가, 더 이상 주체와 객체의 분별이 존재하지 않는 무경계의 경이로운 경험이 되는 거지요.

출렁이는 물결도 물이듯이, 어지러워진 마음도 역시 마음이에요. 마음으로 마음을 붙들 수 있을 때 미혹된 마음이 참마음으로 바뀝니다. 참마음이란 곧 부처님이요, 우리의 진정한 자아입니다. 또한 개념과 언어로 만들어진 '독립된 나'라는 그릇된 분별에 의해 쪼개질 수 없는 순수한 '하나'이지요. 이에 대해서는 긴말하고 싶지 않군요.

제5장

하나가 모두, 모두가 하나

탁자에서 우주를 보기

여기서 몇 줄 보태어, 그대가 좁은 견해에서 벗어나 두려움이 없어지고 큰 자비심을 얻는 데 사용할 수 있는 몇 가지 방법을 적어보겠습니다. 상호의존성, 무상(無常) 그리고 자비에 관한 명상이 그것입니다.

앉아서 명상을 하는 동안, 일단 마음을 붙들어놓은 다음 의식을 집중하여 어떤 대상의 상호의존성을 명상합니다. 이때 명상은 상호의존성에 대하여 철학적으로 사유하는 게 아니라 마음으로 마음을 꿰뚫는 것입니다. 의식을 집중하여 명상 대상의 참본성을 밝히는 일이지요. 무엇을 아는 자는 그가 아는 무엇에서 동떨어져 존재할 수 없다는, 간단하고 오래된 원리를 떠올리세요. 본다는 것은 무엇을 보는 것입니다. 듣는다는 건 무엇을 듣는 거예요. 화를 내는 것은 무엇을 두고 화를 내는 겁니다. 희망하는 건 무엇인가를 희망하는 거지요. 생각하는 것은 무엇에 대하여 생각하는 것이고요. 앎의 대상이 없으면 그것을 아는 주체도 있을 수 없습니다.

수행자는 마음에 대하여 명상을 하여 앎의 주체와 앎의 대상이 서로 의존하고 있음을 보게 됩니다. 우리가 마음챙김하며 숨을 쉴 때, 그때에는 호흡을 앎이 마음이지요. 마음챙김하며 몸을 지켜볼 때에는 몸을 앎이 마음입니다. 마음챙김하며 바깥 대상을 관찰할 때에는 그 대상을 앎이 마음이에요. 그러므로 모든 대상의 서로 의존하는 본성을 명상하는 것은 또한 마음을 명상하는 것입니다. 마음의 대상이 모두 그 자체로 마음이란 말입니다. 불교에서는 마음의 대상들을 다르마(法)라고 부르지요. 다르마는 보통 다섯 가지 범주로 나뉘어 있습니다.

1. 몸과 물질
2. 느낌
3. 지각(知覺)
4. 정신 작용
5. 의식(意識)

이 다섯 가지 범주를 '오온(五蘊, 다섯 가지 쌓여 있음)'이라고 합니다.

그런데 다섯 번째 범주인 의식은 나머지 범주를 모두 포함하고 있으며, 그 범주들을 있게 하는 바탕이지요.

상호의존성을 명상한다는 것은 다르마의 참본성을 꿰뚫기 위하여, 다르마는 실상(實相)의 부분임을 깨닫기 위하여, 실상은 분리될 수 없음을 보기 위하여 모든 다르마를 깊이 들여다보는 것입니다. 실상은 개체(個體)로 나눌 수 없습니다.

명상의 첫 번째 대상은 오온의 집합체인 우리 자신입니다. 바로 지금 여기에서 그대를 이루고 있는 오온을 명상합니다. 몸, 느낌, 지각, 정신 작용 그리고 의식이 여기 있음을 알아차립니다. 그 다섯 가지가 각각 그대 바깥 세계와 긴밀하게 연결되어 있음을 알게 될 때까지 그 '대상들'을 관찰합니다. 만일 세계가 존재하지 않는다면 오온의 집합 또한 있을 수 없습니다.

예를 들어 탁자를 생각해봅시다. 탁자가 저기 있는 것은 우리가 '탁자 아닌 모든 것'이라고 부를 수 있는 사물들이 존재하기 때문에 가능한 거예요. 이를 테면 나무가 자라고 벌목된 숲, 목수, 못이 된 철광석, 그 밖에 탁자에 연관된 수많은 물건들, 목수의 부모와 조상들, 나무를 자라게 한 태양과 비… 이런 것들이 있어서 탁자가 있는 겁니다.

그대가 만일 탁자의 실체를 파악한다면 탁자 안에, 우리가 보통 탁자 아닌 것이라고 생각하는 모든 것이 죄다 들어 있음을 보게 될 것입니다. 만일 그 탁자 아닌 요소들 가운데 하나라도 뽑아내어 그것의 본디 자리로 돌려보낸다면, 예를 들어 못은 철광석으로, 나무는 숲으로, 목수는 그의 부모한테로 돌려보낸다면, 더 이상 탁자는 없는 거지요.

탁자에서 우주를 보는 사람은 길(道)을 보는 사람입니다. 같은 방식으로 그대를 이루는 오온의 집합을 명상합니다. 그대가 실상과 하나임을 볼 수 있을 때까지, 그대의 생명과 우주의 생명이 하나임을 볼 수 있을 때까지 오온을 명상합니다. 오온이 제 바탕으로 돌아가면 더 이상 자아는 없는 거예요. 순간순간 세계는 오온을 낳아 기릅니다. 자아란, 오온의 집합과 다름없어요. 오온의 집합인 우리 또한 우주의 모든 사물이 형성되고 만들어지고 파멸되는 데 아주 중요한 역할을 맡고 있지요.

고통에서 해방되기

사람들은 토통 현실을 몇 조각으로 나눕니다. 그래서 모든 현상의 상호 의존성을 보지 못하지요. 모두 안에서 하나를 보고 하나 안에서 모두를 보는 것은 현실에 대한 지각을 협소하게 하는 장애들을 뚫는 것이며, 불교에서 말하는 자아에 대한 그릇된 견해에 매달리기를 그치는 것을 뜻합니다. 이 그릇된 믿음을 깨뜨리는 것이 곧 온갖 종류의 불안, 고통, 두려움에서 해방되는 길입니다. 베트남에서 일한 평화봉사단원들에게 영감의 원천이 되신 관자재보살님은 오온의 실체를 들여다보시고 자아의 비어 있음(空)을 깨달아 모든 고통, 아픔, 의심 그리고 분노에서 해방되신 분이셨지요. 누구라도 그분처럼 될 수 있어요. 끈질기고 진지하게 오온을 명상하면 우리도 고통, 불안, 공포에서 자유롭게 될 것입니다.

우주적 생명의 한 부분으로 살고자 한다면, 모든 장애를 걷어버려야 합니다. 사람이란, 두꺼운 껍질에 싸여 바깥 세계와 차단된 채 아무 영향도 받지 않고 시간과 공간 속을 여행하는 어떤 개체가 아니에요. 그렇게 단절된 상태로 천년만년 사는 건 가능하지도 않을뿐더러 삶도 아닙니다. 우리의 삶 속에는 아주 많은 현상들이 있지요. 마찬가지로 우리 자신도 여러 다른 현상들 속에서 살아가고 있습니다. 우리는 생명이며, 생명에는 한계가 없습니다. 우리가 이 세상의 삶을 살아갈 때, 그리하여 남의 아픔과 기쁨을 살아갈 때, 그때 비로소 우리는 살아 있는 것이라고 말할 수 있겠지요. 남의 고통이 우리 고통이고 남의 행복이 우리 행복입니다.

우리 생명에 한계가 없다면, 우리의 자아를 만들고 있는 오온의 집합 또한 한계가 없는 것입니다. 우주의 무상함, 인생의 성공과 실패가 더 이상 우리를 맘대로 흔들 수 없는 거예요. 존재의 상호의존성을 깨닫고 실상 속으로 깊이 들어가면 더 이상 아무것도 우리를 짓누르지 못합니다. 그대는 해방되었어요. 가부좌를 틀고 앉아서 숨결을 지켜보며, 남을 위해 죽어간 이에게 물어보십시오.

상호의존성에 대한 명상은 자리에 앉아 있는 동안만이 아니라, 하루 일과를 수행하는 동안에도 끊임없이 계속하여 인생의 한 부분이 되어야 합니다. 지금 내 앞에 있는 사람이 바로 나요, 내가 바로 그라는 사실을 알아야 해요. 지금 일어나고 있는 일과 앞으로 일어날 일들이 어떤 과정을 거쳐 서로 원인이 되며, 서로 결과가 되는지를 볼 수 있어야 한다는 말입니다.

삶과 죽음의 파도 타기

나는 삶과 죽음 문제를 외면할 수 없습니다. 고통받는 모든 이를 사랑하기에 많은 젊은이들이 와서 봉사하며 평화를 위해 일하고 있습니다. 그들은 삶과 죽음 문제가 가장 중요한 문제라는 사실을 알고 있으면서도, 삶과 죽음이 한 현실의 다른 얼굴이라는 사실을 자주 놓치곤 하지요. 그것이 그렇다는 사실을 깨닫고 나면 우리는 삶과 죽음을 당당하게 만날 용기를 얻게 됩니다.

내 나이 겨우 열아홉 살이었을 때, 한 노스님이 묘지의 시체 모습을 명상하라는 과제를 주셨어요. 하지만 그건 너무 어렵다고 생각되어 하지 않았지요. 그때엔 늙은 스님들이나 그런 명상을 하는 것이라고 생각했습니다. 지금은 그렇지 않아요. 그 뒤로 나는 열너덧 살이나 되었을 어린 병사들이 시체가 되어 꼼짝없이 누워 있는 것을 많이 보았습니다. 그들은 죽음을 준비하지도 않았고 죽음이 준비되어 있지도 않았어요. 이제 나는 압니다. 죽을 줄 모르는 사람은 살 줄도 모르리라는 것을. 왜냐하면 죽음은 삶의 한 부분이니까요.

이틀 전, 모비가 내게 말했어요. 스물이면 시체를 명상하기에 충분한 나이라고 생각한다고. 모비는 막 스물한 살 되었거든요. 우리는 삶을 직시하고 받아들이듯이 죽음을 직면하고 그것을 인식하고 받아들여야 해요.

『염처경』에서는 시체 명상법에 대해 이렇게 말하고 있습니다. "육신이 분해되는 과정을 명상하여라. 어떻게 부풀어 오르고 퍼렇게 되는지, 어떻게 뼈만 남을 때까지 벌레들이 파먹는지, 마침내 그 뼈마저 천천히 부서져 흙으로 되는 모든 과정을 명상하여라." 이렇게 명상하면서 그대의 육신도 같은 과정을 거치게 되리라는 것을 알아차리십시오. 그대가 고요해지고 평안해질 때까지, 그대 마음과 가슴이 가벼워지고 평온해질 때까지, 웃음이 얼굴에 피어오를 때까지 계속 시체를 명상하세요. 이렇게 해서 두려움과 혐오감을 극복하면, 삶이란 무한하게 값지며 순간순간이 살 만한 가치가 있음이 보일 것입니다. 그리고 우리 자신의 삶만이 아니라 다른 사람들, 다른 생물들, 다른 모든 존재의 생명까지 값져 보일 거예요. 내가 살기 위해서는 남의 생명이 파멸되어야 한다는 그릇된 생각에 더 이상 속지 않을 것입니다.

우리는 삶과 죽음이 생명의 두 얼굴이며, 동전의 양면이 없으면 동전이 있을 수 없듯이 생명도 삶과 죽음이 없으면 있을 수 없음을 봅니다. 이제 비로소 우리는 삶과 죽음 위로 올라설 수 있게 되었고, 어떻게 살고 어떻게 죽을 것인지를 알게 되었습니다. 현실의 상호의존성을 꿰뚫어본 보살들은 좁은 견해를 부수고, 작은 배를 타고서도 삶과 죽음의 파도에 휩쓸리거나 빠지지 않고서 삶과 죽음 속으로 들어갈 수 있다고 경전에서 말합니다.

불교인의 눈으로 현실을 보면 염세주의자가 된다고 말하는 사람들이 있더군요. 그러나 염세주의 아니면 낙관주의라는 틀 안에서 현실을 보는 것은 진실을 너무 단순화하는 것입니다. 중요한 건 현실을 있는 그대로 보는 거예요. 염세주의적 태도는 보살이나 깨달은 이들의 입가에 고요하고 평온한 웃음꽃을 결코 피울 수 없습니다.

제6장
그대 뜰의 복숭아나무

세 가지 현실

나는 상호의존성을 명상하는 것에 대해 말했습니다. 물론 진리를 탐색하는 모든 방법은 그 자체로 목적이나 절대 진리가 아닙니다. 그것들은 진리 탐색을 위한 수단입니다. 상호의존성을 명상하는 것은 거짓된 분별의 장애를 치워 생명의 우주적 조화 속으로 들어갈 수 있게 하기 위해서예요. 무슨 철학 체계를 세우거나 상호의존성 이론을 만들어내기 위해서가 아니란 말씀입니다. 헤르만 헤세는 자기 소설 『싯다르타』에서 아직 이를 깨닫지 못했어요. 그래서 싯다르타에게 우리가 듣기에는 아무래도 서툰 솜씨로 상호의존 철학을 말하게 합니다. 작가는 그 안에서 모든 것이 서로 연결되어 있고 어떤 결점도 있을 수 없는 상호의존성의 그림을 그려 보이지요. 모든 것이 빈틈없이 서로 의존되어 있는 체계, 그래서 누구도 이 세상에서 해방되는 것에 대해 생각할 수 없는 체계를 이야기하고 있는 겁니다.

우리네 전통이 가르치는 바에 따르면, 세 가지 종류의 현실이 있습니다. 바로 상상(想像), 상호의존성 그리고 궁극적 온전함의 본성이지요. 망각과 편견 때문에 우리는 대체로 그릇된 관점과 견해의 베일로 현실을 덮습니다. 그리하여 상상으로 현실을 보는 것입니다. 상상은, 현실을 개체와 자아 들의 집합으로 보는 착각을 불러일으키지요.

착각을 깨뜨려 부수기 위해 수행자들은 모든 현상이 생멸(生滅)의 과정 속에서 어떻게 서로 의존하고 있는지 또는 서로 연결되어 있는지를 명상합니다. 사유는 명상의 수단입니다. 사유하되 철학적 이론을 세우려 들지 마세요. 사람이 개념의 체계에만 매달리면 궁지에 몰리게 돼 있어요. 상호의존성에 대한 명상은 철학적 견해나 명상 방법에 사로잡히지 않고 현실 속으로 들어가 그것과 하나 되도록 우리를 돕습니다. 뗏목은 강을 건너는 데 쓰는 물건이지 어깨에 메고 가라고 만들어진 게 아닙니다. 달을 가리키는 손가락은 달이 아니란 말입니다.

마지막으로 사람은 궁극적 온전함의 본성, 상상으로 만들어진 모든 그릇된 견해에서 해방된 현실로 나아갑니다. 현실은 현실입니다. 그것은 모든 개념을 초월하지요. 그것을 제대로 서술할 수 있는 개념은 없습니다. 상호의존성이라는 개념도 물론이에요. 우리가 철학 개념에 집착하거나 세 가지 본성이라는 이론에 사로잡히지 않도록 하기 위해, 불교는 세 가지 비-본성(non-natures)을 말하고 있습니다. 대승불교의 근본 가르침이 여기에 있지요.

궁극적 온전함의 본성 그대로 현실을 지각할 때, 수행자는 이른바 평등성지(平等性智)의 경계에 도달하여 더 이상 주(主)와 객(客)의 분별이 이루어지지 않는 놀라운 합일에 들어갑니다. 이는 멀리 떨어져 이를 수 없는 그런 경지가 아니에요. 누구든지 웬만큼만 수행을 계속하면 그 맛을 볼 수 있어요.

내 책상에는 후원받기를 원하는 고아들의 서류가 쌓여 있습니다.* 하루에 몇 장씩 번역을 하지요. 서류 한 장을 번역하기 전에 나는 사진에 있는 아이의 눈을 들여다보고 그 표정과 특징을 자세히 살펴봅니다. 그러면 그 아이와 나 사이의 깊은 관계가 느껴지고 이어서 그 아이와 특별한 통교를 나누게 됩니다. 그대에게 이 글을 쓰면서, 나는 신청서류를 한 줄 한 줄 번역하는 동안 느꼈던 특별한 통교가 일종의 평등성지였음을 깨닫습니다. 나는 더 이상 아이를 돕기 위해 문서를 번역하고 있는 '나'를 보지 않습니다. 또한 나는 더 이상 사랑과 도움을 받는 아이

---

* 베트남 불교 평화봉사단은 베트남에서 고아들을 돌보는 가족을 후원하기 위해 기금을 모으고 있었다. 미국에서는 후원자들이 매달 6달러씩 고아들에게 보냈다.

를 보지 않습니다. 아이와 나는 하나예요. 아무도 불쌍하게 여기지 않습니다. 아무도 도움을 청하지 않고 아무도 도움을 주지 않아요. 해야 할 임무도 없고 이루어야 할 사회사업도 없고 자비도 없고 특별한 지혜도 없습니다. 평등성지에 들어선 순간의 모습들입니다.

이렇게 현실을 궁극적 온전함의 본성으로 경험할 때, 그대 뜰의 복숭아나무가 마침내 제 모습을 온전하게 드러냅니다. 복숭아나무는 그 자체로 진리요 참모습이며 그대의 자아입니다. 그대 뜰 앞을 지나간 많은 사람들 가운데 과연 몇 사람이 복숭아나무를 참으로 보았을까요? 예술가의 가슴은 좀 더 민감하니까 어쩌면 다른 많은 사람들보다 더 깊이 나무를 볼 수 있을 것입니다. 그의 가슴이 남들보다 좀 더 열려 있기 때문에 예술가와 나무 사이엔 벌써 통교가 이루어져 있겠지요. 중요한 건 그대 가슴이에요. 만일 그대 가슴이 그릇된 견해로 덮여 있지만 않다면, 그대는 나무와 자연스런 통교에 들어갈 수 있을 것입니다. 복숭아나무는 자신의 모든 것을 있는 그대로 옹글게 보여줄 준비가 다 돼 있을 거예요.

현실의 경이로움을 설명해달라는 제자의 청에 한 선사는 삼나무를 가리키며 이렇게 말했다지요. "저기 있는 삼나무를 보아라."

밀물 소리

그대 마음이 해방될 때 그대 가슴엔 자비의 강물이 흐르게 됩니다. 아직도 그릇된 견해, 증오, 무지, 분노에서 헤어나지를 못해 헤아릴 수 없이 많은 고통을 겪고 있는 그대 자신을 향한 자비심, 아직도 깨닫지 못하여 그릇된 견해, 증오, 무지에 갇혀 있고 자신과 남을 고통스럽게 하고 있는 타인을 향한 자비심의 강이지요. 이제 그대는 자신과 타인을 자비의 눈으로 봅니다. 온 세상 피조물의 울부짖음을 듣고, 현실을 궁극적 온전함의 본성 그대로 보고 말하는 성자가 그러하듯이. 한 경전에서 자비로운 보살님 목소리를 들어봅니다.

놀라운 목소리
온 세상 울음소리에 귀 기울이는 이의 목소리
고상한 목소리
온 세상 잡음을 잠재우는 밀물의 소리
저 소리에 마음의 귀를 기울여라.

모든 의심 떨쳐버리고
이 세상 울음소리에 귀 기울이는 이의
깨끗하고 거룩한 본성을 명상하여라.
그것이 아픔, 슬픔, 재난, 죽음의 상황에서
우리가 의지할 자리이다.

온갖 덕목을 두루 갖추시고
모든 중생을 자비의 눈으로 바라보시며
한없는 축복의 바다를 지으시는 이
우리 마땅히 그분께 머리 숙여야 한다.

모든 존재를 자비의 눈으로 보는 수행을 하십시오. 그것을 '자비 명상'이라고 합니다. 자비 명상은 앉아 있을 때뿐 아니라 남을 위해 봉사하는 때에도 끊임없이 해야 합니다. 어디를 가든지, 어디에 앉든지, 이 성스런 명(命)을 기억하세요. "모든 존재를 자비의 눈으로 보아라."

명상의 주제와 방법들은 참 많이 있지요. 너무 많아서 벗들을 위해 그것을 모두 기록할 엄두가 나지 않는군요. 그저 몇 가지 단순하고 기본적인 방법들만 여기 소개했을 뿐입니다. 평화봉사단에서 일하는 사람도 다른 사람과 같습니다. 그는 자기 자신의 삶을 살아야 해요. 일은 다만 삶의 한 부분일 뿐이에요. 그것도 마음챙김하며 일할 때에만 삶의 일부가 될 수 있습니다. 그렇잖으면 '송장처럼 살아가는' 사람이 되고 말지요. 우리는 앞으로 나아가기 위해 자신의 등불을 밝혀야 합니다.

우리 모두의 인생은 저마다 자기를 둘러싸고 있는 이들의 인생과 연결되어 있습니다. 그러므로 우리가 마음챙김하며 사는 법을 안다면, 자신의 생각과 느낌을 돌보고 지켜주는 법을 안다면, 그 덕에 우리의 형제자매들 역시 마음챙김하며 살아가는 법을 알게 될 테지요.

명상은 드러내고 치유한다

 마음챙김하며 앉아 있으면 몸과 마음이 평안해지고 온전히 쉴 수 있습니다. 그러나 이때 맛보는 평안함과 안정감은 쉬는 시간에 졸면서 맛보는 나른하고 멍한 기분과 근본적으로 다른 것입니다. 그렇게 의식이 반쯤 나간 상태에서 나른하게 앉아 있는 것은 마음챙김 상태와 거리가 멉니다. 그건 마치 어두운 동굴에 앉아 있는 것과 같지요. 마음챙김 상태에서는 평안하고 행복할 뿐 아니라 기민하게 깨어있습니다.

 명상은 도피가 아니에요. 맑게, 조용히 모든 것의 참모습과 만나는 겁니다. 마음챙김 수행을 하는 사람은 차를 모는 운전기사처럼 깨어있어야 해요. 수행자가 만일 깨어있지 않으면, 졸면서 운전하는 사람이 큰 사고를 내듯이, 산만함과 망각에 사로잡힐 것입니다. 높은 죽마(竹

馬)를 타고 가는 사람처럼 한 걸음 한 걸음 깨어있으십시오. 한 발만 삐끗해도 땅에 곤두박질하고 맙니다. 무기 하나 없이 적진 속을 걸어가는 중세기 기사처럼 되세요. 의젓하게 흔들리지 않는 발걸음으로 천천히 걸어가는 사자처럼 되십시오. 이런 경계심을 놓지 않아야만 그대는 온전히 깨어있을 수 있습니다.

초보 수행자들에게 나는 순수 인식의 방법을 권합니다. 아무 분별 없이 인식하는 방법이지요. 느낌은, 그것이 자애로운 느낌이든 짜증스런 느낌이든 똑같이 환영받고 인정받고 대접받아야 합니다. 왜냐하면 두 느낌 모두 우리 자신이니까요. 내가 먹고 있는 오렌지가 나입니다. 내가 심고 있는 치자나무가 바로 나예요. 나는 온몸과 마음을 기울여 그것을 심습니다. 아기 예수나 아기 부처를 목욕시키는 듯한 마음으로 나는 주전자를 씻지요. 세상에 그 어떤 물건도 이보다 더 조심스럽게 다루어질 수 없을 거예요. 마음챙김 상태에서 보면 자비심이나 짜증이나 치자나무나 주전자나 모두가 성스럽습니다.

슬픔이나 불안, 증오, 열정 같은 것들에 사로잡혀 있을 때에는 비판 없이 순수하게 보고 인식하는 방법을 수행하기가 매우 어려울 것입니다. 그럴 때에는 한 가지 고정된 대상을 명상하십시오. 그대의 마음 상태를 명상 대상으로 삼는 거예요. 그렇게 하는 명상은 드러내고 치유해 주지요. 슬픔이나 불안, 증오나 열정 같은 것들은 명상을 통해 집중적으로 조명을 받을 때 그 본질을 드러냅니다. 바로 그 '노출'이 자연스럽게 치유와 해탈로 이어집니다. 슬픔을 비롯해 그대를 고통스럽게 하는 어떤 것이든 번뇌와 고통에서 해방되는 수단으로 써먹을 수 있어요. 우리는 자신의 불안이나 고통, 증오나 열정을 부드럽고 공손하게 대접하되 그것에 저항하지 말아야 합니다. 오히려 그것들과 함께 살면서 화목하게 지내고, 상호의존성에 대한 명상을 통해 그것들의 본질 속으로 깊이 들어가야 해요. 사람들은 상황에 알맞은 명상 주제를 선택하는 방법을 빨리 배우지요. 상호의존성, 자비, 자아, 공(空), 무집착 같은 것들이 모두 드러내고 치유하는 힘을 지닌 명상의 주제가 될 수 있습니다.

그러나 이런 명상은 우리가 하루하루 살아가면서 일어나는 모든 일을 알아차리는 마음챙김 수행을 통해 집중력을 기를 때에만 성공적으로 이루어질 수 있습니다. 그리고 명상의 대상으로 삼을 것들은 철학적 사유의 주제들이 아니라 그대의 삶에 뿌리를 내린 현실이어야 합니다. 우리는 그 주제들을 뜨거운 불 위에 놓고 오랫동안 요리를 해야 하는 음식물처럼 다루어야 해요. 우리는 그것을 냄비에 넣고 뚜껑을 닫고 불을 붙이지요. 냄비는 우리 자신이고 요리에 쓰이는 열은 집중력입니다. 땔감은 끊임없는 마음챙김 수행에서 오지요. 충분한 열이 없으면 결코 요리를 할 수 없습니다. 그러나 일단 요리되기만 하면 음식물은 제 본성을 드러내어 우리를 해방으로 인도합니다.

자기 돌봄, 세상 돌봄

생사(生死)의 문제는 마음챙김의 문제라고 부처님이 말씀하셨지요. 살아 있느냐 아니냐 하는 것은 그가 마음챙김을 하고 있느냐 아니냐에 달려 있습니다. 주제별로 묶은 경전인 『상응부(相應部)』에서 부처님은 한 작은 마을에 있었던 이야기를 들려주십니다. 어느 유명한 무희(舞姬)가 마을에 왔는데 사람들이 그를 보려고 거리로 쏟아져 나왔습니다. 같은 시간에 한 사형수가 기름이 가득 들어 있는 대접을 들고 그 마을을 지나게 되었어요. 대접에서 기름이 한 방울이라도 땅에 떨어지면 뒤를 따라오던 병사가 바로 칼을 뽑아 사형수의 목을 치게 되어 있었으므로 사형수는 혼신의 힘을 다해 기름이 떨어지지 않도록 집중해야 했습니다.

이야기를 여기까지 했을 때 부처님께서 물었어요. "자, 군중 가운데 누구라도 별안간 튀어나와 부딪힐 수 있는 상황에서, 이 죄수가 마을에 나타난 무희를 힐긋 보거나 거리로 쏟아져 나온 사람들을 쳐다보느라 마음이 어지러워지는 일 없이 대접에만 의식을 집중할 수 있다고 생각하느냐?"

자기 자신을 마음챙김하는 수행이 얼마나 중요한지를 내게 깨우쳐준 부처님 이야기가 하나 더 있습니다. 그 이야기는 내게, 남들이 나를 어떻게 돌보고 있느냐에 마음을 빼앗기지 말고 다만 자기 자신을 돌보고 지키는 것이 다른 무엇보다 중요한 일임을 문득 깨닫게 해주었습니다. 다른 사람이 자기를 어떻게 돌보고 있느냐에 습관적으로 마음을 빼앗기면 결국 원망과 염려밖에는 생기는 게 없지요.

부처님께서 말씀했어요.

"옛날, 곡예사 한 쌍이 있었다. 스승은 가난한 홀아비였고 제자는 메다라는 이름의 계집애였다. 두 곡예사는 먹고살기 위해 거리에서 재주를 부렸는데, 스승이 긴 대나무 장대를 이마에 얹어 세우면 계집애가 천천히 그 장대 위로 기어 올라갔다. 이렇게 계집애가 장대 위에 서 있는 동안 스승은 그 상태로 걸어 다녔다. 두 사람은 완벽한 균형을 유지하여 어떤 사고도 일어나지 않게 하기 위해서 몸과 마음을 모두 집중해야만 했다.

하루는 스승이 제자에게 말했다. '메다야, 잘 들어라. 나는 너를 지켜볼 테니 너는 나를 지켜보거라. 그래야 서로 도와 균형을 유지해서 사고를 막을 수 있을 것이다.' 그러나 계집애의 대답은 이랬다. '스승님, 제 생각에는 우리가 각자 자기 자신을 지켜보는 것이 더 낫다고 봅니다. 자신을 돌보는 것이 우리 둘을 돌보는 것이니까요. 그렇게 해야지만 우리는 사고를 피할 수 있고 먹을 것도 넉넉히 벌 수 있을 겁니다.'"

이어서 부처님은 말씀하셨지요.

"아이가 옳게 말했다."

한 가정에 마음챙김 수행을 하는 사람이 한 명만 있어도 온 가족이 좀 더 깨어있는 마음으로 살 수 있을 것입니다. 마음챙김하며 살아가는 그 한 식구 덕분에 다른 모든 가족이 마음챙김 상태로 살아가는 것을 유념케 되지요. 한 학급에 한 학생이 마음챙김하며 살아간다면 전체 학급이 그 영향을 받기 마련입니다.

평화봉사단에서도 우리는 같은 원리를 다뤄야 합니다. 주변에 있는 사람들이 최선을 다하지 않는다고 걱정하지 마십시오. 그대 자신을 어떻게 가치 있는 존재로 만들까, 그것만 걱정하세요. 그대가 최선을 다하는 것이야말로 주변 사람들 각자가 최선을 다하도록 일깨워주는 가장 확실한 길입니다. 그런데 가치 있는 존재가 되려면 마음챙김 수행을 쉬지 말고 계속해야 합니다. 이는 너무나도 분명한 사실이에요. 오직 마음챙김 수행을 통해서만 우리는 자신을 잃어버리지 않고 기쁨과 평안을 얻을 것입니다. 오직 마음챙김 수행을 통해서만 우리는 열린 마음과 사랑하는 눈으로 다른 사람들을 볼 수 있을 것입니다.

물은 더욱 닦아지고, 풀은 더욱 푸르러지고

방금 전에 나는 아파트 아래층에 살고 있는 한 친구에게서 차를 함께 마시자는 초대를 받았어요. 우리 일을 돕고 있는 그 친구 방에는 피아노가 있지요. 네덜란드 출신인 키르스텐이 차를 따라주는 사이에 나는 그의 일거리를 보면서 이렇게 말했습니다. "고아들 후원 신청서 번역 일을 잠시 멈추고 나를 위해 피아노를 연주해주겠어요?" 키르스텐은 기꺼이 하던 일을 걷추고 피아노 앞에 앉아 자기가 어렸을 때부터 알았던 쇼팽의 곡을 연주하기 시작했어요. 그 곡은 부드럽고 멜로디가 아름다운 부분도 있지만 강렬하고 호흡이 빠른 부분도 있었습니다.

그 집 개가 탁자 밑에 누워 있다가 음악이 고조되자 낑낑거리며 짖기 시작했습니다. 뭔가 불편함을 느끼고 음악이 그치기를 바라는 것 같

앉습니다. 키르스텐이 기르는 개는 어린 아기처럼 친절하게 보살핌을 받아왔기에 아마도 보통 아이들보다 더욱 음악에 민감했던 건지 모르겠어요. 아니면 사람 귀에는 들리지 않는 어떤 진동이 귀에 잡혀서 그런 반응을 보였는지도 모르지요. 키르스텐이 연주를 계속하면서 개를 달래려고 했지만 소용없었습니다.

쇼팽 연주를 마친 키르스텐은 이번에는 모차르트의 경쾌하고 조화로운 곡을 연주하기 시작했어요. 그러자 개가 조용히 누워 평안을 되찾은 듯이 보였습니다. 연주를 마친 키르스텐이 내 곁으로 와 앉으면서 말했지요. "가끔 쇼팽의 격한 곡을 칠 때면 나를 피아노에서 떨어지게 하려는 듯 바짓가랑이를 물고 잡아당겨요. 곡을 연주하기 전에 개를 문밖에 내놓아야 할 때도 있지요. 그렇지만 바흐나 모차르트를 연주할 때엔 가만히 있어요."

키르스텐은 캐나다에서 사람들이 작물을 위해 밤에 모차르트를 연주해주었다는 이야기도 들려주었지요. 음악을 듣고 자란 작물은 일반 작물보다 더 빨리 자랐고, 꽃은 음악이 들리는 쪽으로 굽어 자랐다는 거예요. 또 다른 사람들은 밀밭에 날마다 모차르트의 음악을 들려주었는데 음악을 들은 밀이 다른 밭의 밀보다 훨씬 잘 자랐다더군요.

키르스텐의 말을 들으면서 나는 사람들이 언쟁하고 다투고 그래서 난폭한 말들이 구석까지 차 있는 회의실을 생각해보았습니다. 그 방에

꽃이나 식물을 놓아둔다면, 성장을 멈출는지도 모를 일이지요. 나는 또 마음챙김하며 살고 있는 스님이 가꾸는 뜰을 생각해보았습니다. 거기 피어나는 꽃은 스님의 깨어있는 마음에서 흘러넘치는 평화와 기쁨을 먹고 언제나 깨끗하고 싱싱하겠지요. 옛날 누군가 말했습니다.

위대한 스승이 태어날 때,
강물은 더욱 맑아지고 풀은 더욱 푸르러진다.

모임을 가지거나 토론을 할 때마다, 음악을 듣거나 앉아서 호흡 명상을 하는 것으로 시작해야 합니다.

제7장

세 가지 훌륭한 대답

황제의 세 가지 질문

톨스토이의 이야기를 한 토막 들려 드리겠습니다. 황제의 세 가지 질문에 대한 이야기인데, 황제가 누군지는 모르겠습니다.

하루는 황제에게, 세 가지 질문의 대답만 알면 어떤 일에도 헷갈리지 않을 거라는 생각이 떠올랐습니다.

모든 일을 하기에 가장 좋은 때는 언제인가?
함께 일할 가장 중요한 사람은 누구인가?
모든 때에 하야 할 가장 중요한 일은 무엇인가?

황제는 누구든지 이 질문에 대답할 수 있는 사람은 큰 상을 받을 거라고 방을 써서 온 나라에 알리도록 했어요. 방을 본 많은 사람이 왕궁으로 가서 대답을 하는데 저마다 내용이 달랐지요.

첫 번째 질문에 대하여 한 사람은 황제께서 매년 매월 매시간 할 일을 설정하여 완벽한 시간 계획표를 세우고 그대로 따르라고 권했습니다. 그래야만 모든 일을 제 시간에 할 수 있을 것이라면서요.

그러자 다른 사람이 앞에 있을 일을 미리 계획하는 건 불가능하니, 황제께서는 모든 헛된 오락거리를 밀쳐두고 언제 무엇을 해야 할는지 알기 위해 모든 것을 주의 깊게 살펴야 한다고 대답했지요.

또 어떤 사람은 황제 혼자서 모든 앞일을 내다보거나 언제 무슨 일을 할 것인지를 결정하는 것은 희망할 수 없는 일이니, 지금 황제에게 필요한 것은 현자들로 위원회를 구성하여 그들의 충고를 따르는 일이라고 대답했습니다.

이에 반대해 누군가 나서서 어떤 일은 즉시 결정할 필요가 있는데 위원회가 모일 때까지 기다릴 수 없으니, 앞날에 벌어질 일을 알고 싶으면 마술사나 점쟁이의 말을 들어야 한다고 대답했어요.

두 번째 질문에 대한 답들도 역시 가지각색이었지요.

한 사람이 나서서 황제는 마땅히 시종들을 믿어야 한다고 대답하자, 다른 사람이 사제와 수도승 들을 믿어야 한다고 주장했어요. 또 다른 사람이 의사들을 추천하자, 무엇보다 병사들을 믿어야 한다고 말하는 사람도 나왔지요.

세 번째 질문에 대한 답들도 마찬가지로 여러 가지였습니다.

누구는 과학이야말로 가장 중요한 과제라고 했고, 누구는 종교라고 했고, 또 누구는 뭐니 뭐니 해도 군사 기술이 가장 중요하다고 주장했지요.

황제는 그 모든 대답들이 마음에 들지 않았어요. 그래서 아무도 상을 받지 못했습니다.

몇 날 밤을 생각한 끝에 황제는 산꼭대기에 사는 은자를 찾아가기로 결심했어요. 사람들이 말하기를 그 은자는 깨달은 사람이라고 했거든요. 황제는 그를 만나 세 가지 질문을 해보고 싶었습니다. 그러나 은자는 결코 산을 떠나지 않으며, 세상에 알려지기를 원하지 않았어요. 재물이나 권력을 가진 자하고는 만나지도 않고 다만 가난한 사람만 받아들인다고 했습니다. 그래서 황제는 평범한 농부로 변장을 하고 시종들에게는 자기 혼자 산꼭대기로 올라가 은자를 만나고 내려올 때까지 산기슭에서 기다리라고 명을 내렸습니다.

은자가 살고 있는 곳에 이르렀을 때, 황제는 오두막 앞에서 밭을 일구고 있는 은자를 보았습니다. 그는 낯선 나그네가 온 것을 알고 고개를 끄덕여 인사한 다음 계속 땅을 팠어요. 황제 눈에는 그 일이 나이 든 은자에게 힘겨워 보였습니다. 삽질을 할 때마다 무척 무거운 듯 흙

한 삽을 들어 올렸거든요.

 황제가 그에게 다가가서 말했습니다. "나는 노인께 세 가지 질문을 하러 왔습니다. 모든 일을 하는 데 가장 좋은 때는 언제인지, 함께 일할 가장 중요한 사람은 누구인지, 모든 때에 해야 할 가장 중요한 일은 무엇인지, 답을 들려주십시오."

 은자는 귀 기울여 듣고 나서 다만 황제의 어깨를 툭 치고는 다시 삽질을 계속했어요. 황제가 말했지요. "많이 지쳤군요. 내가 좀 도와드리겠습니다." 은자는 고맙다고 하면서 삽을 황제에게 넘겨주고 바닥에 앉아 쉬었습니다.

 두 이랑을 파고 나서 황제는 삽질을 멈추고 은자에게 세 가지를 다시 물었어요. 은자는 여전히 아무 대답도 하지 않고 그 대신 앉았던 자리에서 일어나 삽을 가리키며 이렇게 말했지요. "이젠 당신이 좀 쉬시오, 내가 할 테니." 그러나 황제는 계속 땅을 팠습니다. 한 시간이 지나고 두 시간이 지났어요. 이윽고 해가 산 너머로 지기 시작했습니다. 황제가 삽을 놓고 은자에게 말했지요. "나는 세 가지 질문에 대한 답을 듣고자 여기 왔습니다. 노인께서 대답해줄 수 없다면 그렇다고 말씀해주십시오. 그래야 집으로 돌아갈 수 있으니까요."

 은자가 머리를 들고 황제에게 물었습니다. "저쪽에서 누가 달려오는 소리 들리시오?" 황제가 소리 나는 쪽으로 고개를 돌렸어요. 누군가 숲에서 나오는 것이 보였습니다. 흰 수염을 길게 늘어뜨린 사람이 피 흐르는 배를 두 손으로 움켜잡고 비틀거리며 이리로 달려오는 것이었어요. 그는 황제 앞까지 달려오더니 의식을 잃고 땅바닥에 쓰러져 신음을 했지요. 황제와 은자가 옷을 벗기자 아주 깊은 상처가 드러났습니다. 황제는 상처를 닦아주고 자기 속옷을 벗어 싸매주었어요. 그러나 금세 피로 물들었습니다. 그는 피 묻은 속옷을 물에 헹구어 다시 상처를 싸매주었습니다. 상처에서 피가 나오지 않을 때까지 그러기를 되풀이했어요.

이윽고 상처 입은 사람이 정신을 차리더니 마실 물을 청했습니다. 황제는 개울로 달려가 깨끗한 물을 한 주전자 길어왔지요. 그러는 동안 해는 떨어지고 밤공기가 차가워졌어요. 은자가 황제와 함께 그 사람을 오두막 안으로 옮겨다가 자신의 침상에 눕혔습니다. 그는 눈을 감고서 가만히 누워 있었지요. 황제는 높은 산을 오른 데다가 밭을 일구느라 몸이 많이 지쳐 있었어요. 그래서 문간에 기대어 잠이 들었습니다.

황제가 눈을 떴을 때는 해가 이미 동산 위로 솟아올라 있었습니다. 잠깐 동안 황제는 자기가 어디에 있으며 무엇 하러 여기까지 왔는지를 깜빡 잊었습니다. 황제가 침상을 넘겨다보았을 때 상처 입은 사람도 황제를 어리둥절한 눈으로 바라보고 있었어요. 이윽고 한동안 황제를 눈여겨보던 그가 가냘픈 목소리로 말했습니다.

"제발 저를 용서해주십시오."

"당신이 내게 무슨 짓을 했기에 용서해달라는 것이오?" 황제가 물었지요.

"폐하께서는 저를 모르시지만 저는 폐하를 압니다. 저는 폐하의 원수입니다. 폐하께 복수를 하기로 맹세했지요. 지난번 전쟁 때 폐하께서 제 아우를 죽이고 제 재산을 빼앗았기 때문입니다. 폐하께서 은자를 만나러 홀로 산을 오르셨다는 말을 듣고 내려오는 길목에서 폐하를 습격하여 죽이려고 마음먹었지요. 그러나 아무리 기다려도 폐하 모습이 보이지를 않았습니다. 그래서 매복해 있던 곳을 떠나 폐하를 찾아 나섰다가 폐하를 만나는 대신 폐하의 시종을 만났습니다. 그들이 저를 알아보고는 이렇게 상처를 입혔지요. 다행히 도망쳐서 이리로 왔는데, 여기서 폐하를 만나지 못했더라면 저는 지금 죽은 몸일 것입니다. 저는 폐하를 죽이려고 했는데 폐하께서는 저를 살려주셨습니다! 너무나도 부끄럽고 뭐라고 감사 말씀을 드려야 할지 모르겠습니다. 제가 만일 살아난다면 남은 세월 폐하의 종이 되고 제 자식과 손자 들에게도 그렇게 하라고 하겠습니다. 제발 저를 용서해주십시오."

황제는 원수였던 사람과 그토록 쉽게 화해할 수 있었던 것이 너무나도 기뻤어요. 그래서 용서하는 건 물론이요, 그의 재산도 모두 돌려줄 것이며, 자기 의사와 시종 들을 보내어 그가 완쾌할 때까지 돌봐줄 것을 약속했습니다. 시종들에게 그를 집으로 데려다주라고 시킨 다음, 황제는 다시 은자를 보러 돌아왔습니다. 궁으로 돌아가기 전에 한 번 더 세 가지 질문을 은자에게 던지고 싶었던 것입니다. 그가 돌아왔을 때 은자는 어제 갈아놓은 밭에 씨를 뿌리고 있었습니다.

은자가 서서 황제를 바라보며 말했어요.

"그 질문에는 벌써 대답을 얻었잖소?"

"어떻게 말입니까?' 황제가 의아해서 물었지요.

"어제 당신이 늙은 나를 가엽게 여겨 밭 가는 일을 늦도록 도와주지 않았더라면 내려가는 길에 그의 습격을 받았을 거요. 그러면 나와 함께 있지 않은 것을 크게 후회했겠지요. 그런즉 가장 중요한 때는 당신이 밭을 일구던 때요, 가장 중요한 사람은 바로 나였고, 가장 중요한 일은 나를 돕는 것이었소. 뒤에 상처 입은 사람이 이리로 왔을 때에는, 가장 중요한 때가 당신이 그의 상처를 씻어주던 때였지요. 당신이 그렇게 하지 않았더라면 원수와 화해할 수 없었을 테니까. 마찬가지로 가장 중요한 사람은 바로 그였고, 가장 중요한 일은 그의 상처를 돌봐주는 것이었소.

세상에는 가장 중요한 때가 한 번밖에 없는데 '지금'이 바로 그때라는 걸 기억하시오. 지금 이 순간이 우리가 쓸 수 있는 유일한 시간이오. 가장 중요한 사람은 언제나 당신과 함께 있는 사람, 바로 당신 앞에 있는 사람이지요. 뒤에 당신이 누구를 상대하게 될는지 누가 알겠소? 그리고 가장 중요한 일은 당신 곁에 있는 사람을 행복하게 해주는 것이오. 그것만이 인생에서 추구할 일이지요."

톨스토이의 이야기는 흡사 성경에서 따온 것 같습니다. 성경 어느 대목에도 뒤지지 않는 이야기예요. 우리는 사회봉사에 대해 말하고, 민중을 돌보고 인류를 돌보고 멀리 있는 사람들을 돌보고 세계에 평화를 가져오는 것에 대해 말합니다. 그런데 바로 지금 우리 주변에 있는 사람들이 무엇보다 먼저 우리의 돌봄을 받아야 할 사람들이라는 걸 자주 잊곤 하지요. 그대가 만일 그대 아내나 남편이나 아이나 부모님을 돌보지 못한다면, 어떻게 나아가 사회를 돌보겠다는 겁니까? 그대의 자녀를 행복하게 해주지 못하면서 어떻게 다른 사람들을 행복하게 해줄 수 있겠어요? 평화단체나 사회봉사단체에서 함께 일하는 우리가 서로 사랑하고 돕지 않는다면 도대체 누구를 사랑하고 도울 수 있겠습니까? 지금 우리는 과연 다른 사람들을 위해서 일하고 있습니까? 아니면 조직의 이름을 위해서 일하는 것일 뿐입니까?

살 만한 세상 만들기

평화봉사, 가난한 사람을 위한 봉사… 봉사라는 말이 참 거창합니다. 먼저 우리 가족, 학급 친구들, 동료들, 우리가 속한 공동체 구성원 같은 좀 더 친숙하게 느껴지는 사람들에게 눈길을 돌립시다. 우리는 그들을 위해서 살아야 합니다. 만일 우리가 그들을 위해서 살지 못한다면, 다른 누구를 위해서 살 수 있겠어요?

    톨스토이는 성자입니다. 우리 불교인들이 보살이라고 부르는 그런 사람이에요. 그런데 과연 톨스토이는 홀로 인생의 의미와 방향을 알 수 있었을까요? 어떻게 해야 우리는 지금 이 순간을 살 수 있을까요? 어떻게 해야 바로 여기 우리와 함께 있는 사람들과 더불어 살면서 그들의 고통을 덜어주고 그들의 인생을 좀 더 행복하게 만들어줄 수 있을까요? 어떻게?

답은 이것입니다. 마음챙김 수행을 하는 것. 톨스토이가 제시한 원리는 쉬워 보입니다. 그러나 그 원리를 실천에 옮기려면, 깨어있는 마음으로 그 길을 구하여 찾아내야 합니다.

나는 이 글을 우리 벗들이 현장에서 활용할 수 있게 하려고 썼어요. 많은 이들이 몸소 살아보지도 않은 주제에 대해 글을 쓰곤 합니다만, 나는 직접 살아보고 경험한 것들만 적었습니다. 그대와 그대의 벗들이 우리가 추구하는 길, 우리가 고향으로 돌아가는 길을 함께 걸으며 이 글에서 조금이나마 도움을 얻기 바랍니다.

제8장
마음챙김 수행법

여기, 내 상황이나 성향에 맞도록 적당히 손질한 여러 가지 명상 수행법을 소개합니다. 마음에 드는 방법을 고르세요. 그리고 어떤 방법이 본인에게 가장 잘 들어맞는지 찾아보세요. 모든 방법의 가치는 각자의 독특한 필요에 따라 달라질 수 있습니다. 이 수행법들은 매우 간단합니다만, 그 위에 무엇이든 세울 수 있는 토대를 만들어줍니다.

- **아침에 일어나면서 빙그레 웃기**

  나뭇가지, '웃음'이라고 쓴 쪽지, 또는 다른 무슨 표시가 될 만한 물건을 천장이나 벽에 붙여놓고서 눈을 뜨자마자 그것을 볼 수 있도록 합니다. 그 표시물이 웃음을 떠올리도록 도와줄 것입니다. 침대에서 나오기 전, 몇 초 동안 호흡을 지켜봅니다. 빙그레 웃으면서 세 번 조용히 들이쉬고 내쉽니다. 그대로 호흡을 따라갑니다.

- **자유로운 시간에 살짝 웃기**

그대가 어디에 있든지, 앉아 있든지 서 있든지, 그 자리에서 빙그레 웃습니다. 어린아이, 나뭇잎, 벽에 걸린 그림 등 비교적 정적(靜的)인 대상을 바라보면서 웃습니다. 숨을 조용히 세 번 들이쉬고 내쉽니다. 계속해서 빙그레 웃으며, 그대가 지금 보고 있는 것이 바로 그대의 참 본성이라고 생각합니다.

- **음악을 들으면서 빙그레 웃기**

2, 3분간 음악을 듣습니다. 노랫말, 음향, 리듬, 느낌에 주의를 모읍니다. 들숨과 날숨을 지켜보면서 빙그레 웃습니다.

- **화가 났을 때 빙그레 웃기**

그대가 화가 났음을 알아차렸을 때 즉시 빙그레 웃습니다. 조용히 세 번 들이쉬고 내쉬면서 그동안 계속 웃습니다.

- **누운 자세로 놓아버리기**

요를 깔거나 베개를 베지 말고 맨바닥에 반듯이 눕습니다. 두 팔은

옆구리에 자연스럽게 나란히 놓고 다리는 살짝 벌려 발가락이 밖을 향하게 뻗습니다. 빙그레 웃으면서 부드럽게 숨을 들이쉬고 내쉽니다. 호흡에 계속 주의를 기울입니다. 온몸의 근육을 놓아버립니다. 바닥으로 가라앉는다는 느낌으로 모든 근육을 이완합니다. 미풍에 날리는 부드러운 실크 천처럼 근육을 풀어줍니다. 모든 것을 놓아버리고 오직 호흡과 미소에만 주의를 기울입니다. 자기 자신이 따뜻한 난로 앞에서 졸고 있는 고양이라고 생각합니다. 지금 그대의 근육은 누가 건드려도 아무런 저항을 하지 않습니다. 호흡을 열다섯 번 계속합니다.

- **앉은 자세로 놓아버리기**

결가부좌나 반가부좌로 앉습니다. 책상다리로 앉아도 되고 무릎을 꿇고 앉아도 됩니다. 의자에 앉을 때는 발이 바닥에 닿도록 합니다. 빙그레 웃습니다. 계속 그렇게 웃으면서 숨을 들이쉬고 내쉽니다. 모든 것을 놓아버립니다.

- **깊이 숨쉬기**

등을 바닥에 대고 눕습니다. 조용하고 편안하게 숨을 쉬면서 복부의 움직임에 의식을 집중합니다. 숨을 들이쉬기 시작할 때, 폐의 아랫부분에 공기가 들어갈 수 있도록 배를 내밉니다. 폐의 윗부분에 공기가 들어가면 가슴이 솟아오르며 배는 꺼집니다. 너무 지나치게는 하지 않습니다. 호흡을 열까지 셉니다. 들숨보다 날숨의 길이가 더 길 것입니다.

- **발걸음으로 호흡 헤아리기**

  강변이나 마을길을 천천히 걷습니다. 숨은 평상시처럼 편안히 쉽니다. 발걸음 수로 들숨과 날숨의 길이를 재어봅니다. 몇 분간 계속합니다. 날숨의 길이를 한 걸음만큼 늘여봅니다. 들숨을 늘이려고 억지를 쓰는 일이 없도록 합니다. 자연스럽게 들이쉽니다. 들숨을 쉴 때 혹시 그것을 늘이고 싶다는 마음이 있는지 조심스레 살펴봅니다. 호흡을 열 번 셉니다.

  이제 날숨을 한 걸음만큼 더 늘입니다. 들숨도 한 걸음만큼 길어졌는지 아닌지 지켜봅니다. 기분이 편안할 때에만 들숨의 길이를 늘입니다. 그렇게 호흡을 스무 번까지 센 다음, 평소 숨쉬기로 돌아옵니다. 5분쯤 뒤, 숨의 길이 늘이는 연습을 다시 시작해도 됩니다. 조금이라도 피곤한 느낌이 들면 즉시 평소대로 돌아옵니다. 이렇게 숨 늘이기 연습을 몇 번 반복하면 차츰 들숨과 날숨의 길이가 같아질 것입니다. 들숨 날숨을 똑같이 길게 쉬는 수행은 열 호흡에서 스무 호흡 이상 하지 않습니다.

- **호흡 숫자 세기**

결가부좌나 반가부좌로 앉든지 산책을 합니다. 숨을 들이쉴 때 '들숨 하나' 하면서 가만히 지켜봅니다. 숨을 내쉴 때 '날숨 하나' 하면서 가만히 지켜봅니다. 두 번째 숨을 들이쉴 때 '들숨 둘' 하며 가만히 지켜봅니다. 천천히 내쉴 때 '날숨 둘' 하며 가만히 지켜봅니다. 이렇게 열까지 숨을 셉니다. 열까지 세었으면 다시 하나로 돌아갑니다. 숫자를 놓쳤으면 곧 하나로 돌아가서 다시 시작합니다.

- **음악을 들으면서 호흡 따라가기**

음악을 듣습니다. 길고 가볍고 고르게 숨을 쉽니다. 호흡을 따라갑니다. 음악의 느낌과 흐름을 알아차리면서 계속 호흡을 따라갑니다. 음악에 빨려 들어가 자기를 잃어버리지 말고, 호흡과 자기 자신의 주인으로 계속 남아 있습니다.

- **대화를 하면서 호흡 따라가기**

길고 가볍고 고르게 숨을 쉽니다. 호흡을 따라가면서 벗의 말을 듣고 자신의 대꾸도 듣습니다. 음악 들으면서 호흡 따라가기를 할 때처럼 계속합니다.

- **호흡 따라가기**

 결가부좌나 반가부좌로 앉든지 산책을 합니다. 부드럽고 자연스럽게 (배로) 숨을 들이쉬면서 '숨을 들이쉰다' 하고 가만히 지켜봅니다. 숨을 내쉬면서 '숨을 내쉰다' 하고 가만히 지켜봅니다. 이렇게 세 번 반복합니다. 네 번째 호흡에서는 숨을 조금 더 길게 들이쉬면서 '길게 들이쉰다' 하고 가만히 지켜봅니다. 내쉬면서 '길게 내쉰다' 하고 가만히 지켜봅니다. 이렇게 세 번 반복합니다.

 이제 조심스럽게 숨을 따라가면서 복부와 폐의 움직임을 자세히 살핍니다. 숨이 들어오고 나가는 대로 따라갑니다. '나는 숨을 들이쉬면서 들숨의 시작부터 마지막까지 따라간다' 하고 가만히 지켜봅니다. '나는 숨을 내쉬면서 날숨의 시작부터 마지막까지 따라간다' 하고 가만히 지켜봅니다.

 이렇게 스무 번 계속합니다. 그런 다음 평소 호흡으로 돌아갑니다. 5분 뒤, 수행을 반복합니다. 호흡하는 동안 빙그레 웃는 것을 잊지 않습니다. 이 수행에 익숙해지면 다음 수행으로 넘어갑니다.

- **기쁨을 맛보기 위해 몸과 마음을 고요하게 하는 숨쉬기**

 결가부좌나 반가부좌로 앉습니다. 빙그레 웃으며 호흡을 따라갑니다. 몸과 마음이 안정되었으면 가볍고 부드럽게 숨을 들이쉬고 내쉬면서 '나는 지금 숨을 들이쉬면서 호흡을 가볍고 편안하게 만들고 있다. 나는 지금 숨을 내쉬면서 호흡을 가볍고 편안하게 만들고 있다' 하고 가만히 지켜봅니다. 숨을 세 번 들이쉬고 내쉬면서 '나는 지금 숨을 들이쉬면서 온몸을 편안하고 기쁘게 만들고 있다. 나는 지금 숨을 내쉬면서 온몸을 편안하고 기쁘게 만들고 있다' 하고 가만히 지켜봅니다. 숨을 세 번 들이쉬고 내쉬면서 '나는 지금 숨을 들이쉬면서 몸과 마음을 가볍고 편안하고 기쁘게 만들고 있다. 나는 지금 숨을 내쉬면서 몸과 마음을 가볍고 편안하고 기쁘게 만들고 있다' 하고 가만히 지켜봅니다.

5분에서 30분 아니면 본인 능력에 따라 한 시간이나 그 이상이라도 같은 생각을 유지하며 계속 호흡을 가만히 지켜봅니다. 수행의 처음과 끝은 부드러운 휴식으로 시작되고 마무리되어야 합니다. 중단하고 싶을 때에는 두 손으로 부드럽게 눈과 얼굴을 마사지하고 이어서 두 다리를 마사지한 다음 평소 앉는 자세로 돌아갑니다. 잠시 그렇게 있다가 일어섭니다.

- **몸자세를 지켜보기**

이 수행은 언제 어디서나 할 수 있습니다. 우선 호흡에 집중합니다. 보통 때보다 더 조용히 그리고 깊이 숨을 쉽니다. 걷거나 서 있거나 눕거나 앉아 있는 자세를 가만히 지켜봅니다. 자기가 어디에 서 있는지, 어디를 걷고 있는지, 어디에 누워 있는지, 어디에 앉아 있는지를 알아차립니다. 그런 자세를 취하고 있는 목적이 무엇인지 생각합니다. 예를 들어 그대는 지금 기분을 바꾸기 위해, 호흡 수행을 위해 또는 그냥 서 있기 위해 푸른 언덕에 서 있음을 알아차릴 수 있습니다. 아무 목적이 없으면 목적이 없음을 알아차립니다.

- **차를 준비하기**

  손님을 대접하기 위해서 또는 그대 혼자 마시기 위해서 차를 준비합니다. 모든 동작을 가만히 지켜보면서 느리게 합니다. 어느 한 동작도 놓치고 넘어가는 일이 없도록 합니다. 그대 손이 찻주전자 손잡이를 잡아 들어 올리는 것을 알아차립니다. 향기롭고 따뜻한 차를 찻잔에 따르고 있음을 알아차립니다. 동작의 한 단계 한 단계를 가만히 지켜봅니다. 보통 때보다 더 부드럽고 깊이 숨을 쉽니다. 마음이 흩어지면 호흡을 붙잡습니다.

- **설거지**

  그릇, 그릇이 명상 대상인 것처럼 천천히 설거지를 합니다. 모든 그릇을 성스런 물건으로 여깁니다. 마음이 흩어지지 않게 하기 위하여 호흡을 따라갑니다. 빨리 일을 마치려고 서두르지 않습니다. 그릇을 닦는 일이 그대 생애에서 가장 중요한 일이라고 생각합니다. 그릇 닦는 행위가 곧 명상입니다. 온 마음을 다해 그릇을 닦지 못한다면 그대는 침묵 속에 앉아서도 명상을 할 수 없습니다.

- **빨래**

한 번에 너무 많은 빨래를 하지 않도록 합니다. 빨래거리를 세 가지나 네 가지만 고릅니다. 등줄기에 통증이 오지 않도록, 앉든 서든 가장 편안한 자세를 취합니다. 느릿느릿 빨래를 비빕니다. 팔과 손의 동작 하나하나에 의식을 집중합니다. 비누와 물에 의식을 집중합니다. 빨래를 다 비비고 헹굼까지 마치면 그대의 몸과 마음도 깨끗해진 옷가지들처럼 신선해져 있을 것입니다. 빙그레 웃음을 머금는 것과 마음이 흩어질 때 호흡 붙잡는 것을 잊지 않습니다.

- **집안 청소**

청소 작업을 물건 정돈하기, 책꽂이 정리, 화장실 청소, 목욕탕 청소, 마루 쓸고 닦기, 먼지 떨기 등 몇 단계로 나눕니다. 이 모든 작업을 충분한 시간을 들여 합니다. 천천히, 보통 때보다 동작을 세 배쯤 느리게. 모든 동작에 의식을 집중합니다. 예를 들어 책을 책장에 넣을 때에는 책을 보고 그게 무슨 책인지 알고 자기가 지금 책을 책장에 꽂고 있음을 알아차립니다. 그대 손이 책에 닿아 있음을 알고 그것을 집어 올리고 있음을 알아차립니다. 갑작스런 동작이나 거친 동작을 피합니다. 호흡을 가만히 지켜봅니다. 특히 생각이 이리저리 헤맬 때 호흡을 따라갑니다.

- **천천히 목욕하기**

30분에서 45분 동안 목욕을 합니다. 한 순간도 서두르지 않습니다. 목욕물을 준비하는 순간부터 새 옷으로 갈아입는 순간까지 동작 하나하나를 가볍게, 느리게 합니다. 모든 움직임에 의식을 집중합니다. 분별심이나 두려움 없이 몸의 구석구석에 주의를 줍니다. 몸으로 흘러내리는 물줄기가 마음을 가득 채웁니다. 목욕을 마치면 그대 마음도 몸처럼 편안하고 상쾌합니다. 호흡을 따라갑니다. 그대가 지금 한여름 향기롭고 깨끗한 연못에 몸을 담그고 있다고 생각합니다.

- **조약돌**

조용히 앉아 숨을 천천히 쉬면서, 자신이 깨끗한 강물 바닥으로 가라앉는 조약돌이라고 생각합니다. 가라앉는 동안 그대의 움직임을 유도할 모든 의도를 내려놓습니다. 강바닥 부드러운 모래 위로 조용히 가라앉습니다. 몸과 마음이 완벽한 휴식으로 들어갈 때까지 모래 위에 얹혀 있는 조약돌을 명상합니다.

이 평화와 기쁨을 30분쯤 유지하면서 호흡을 지켜봅니다. 과거나 미래에 대한 그 어떤 생각도 지금의 평화와 기쁨에서 그대를 떼어놓지 못합니다. 우주가 지금 이 순간 안에 존재합니다. 그 어떤 욕망도, 부처님이 되거나 모든 중생을 구원하겠다는 욕망조차도, 지금 이 순간에서 그대를 떼어놓지 못합니다. 부처님이 되는 것도, 중생을 구원하는 것도, 모두가 지금 이 순간의 순수한 평화라는 바탕 위에서만 실현될 수 있는 것임을 압니다.

- **마음챙김의 날**

그대 사정에 맞추어 한 주간에 아무 날이나 하루를 마음챙김의 날로 정합니다. 그날에는 다른 날에 하는 일과를 잊습니다. 모임을 약속하거나 친구를 만나지도 않습니다. 청소, 요리, 빨래, 먼지 떨기 같은 단순한 일만 합니다.

일단 청소를 하여 집 안이 깨끗해졌고 물건들이 제 장소에 놓였으면 천천히 목욕을 합니다. 그다음엔 차를 준비하여 마십니다. 경전을 읽거나 친구들에게 편지를 쓸 수도 있습니다. 마음챙김하며 경전을 읽고 편지를 써서, 경전의 본문이나 편지가 그대를 어디 다른 데로 데려

가지 못하게 합니다. 경전을 읽을 때에는 경전을 읽고 있음을 알아차립니다. 편지를 쓸 때에는 편지를 쓰고 있음을 알아차립니다. 음악을 듣거나 친구와 이야기를 할 때에도 그렇게 합니다.

그다음엔 호흡 명상을 위해 산책에 나섭니다. 30분에서 45분쯤 걸리는 산책을 하루 동안에 두 번 합니다. 저녁에는 채소를 직접 혹은 즙으로 만들어 약간 먹습니다. 잠자리에 들기 전, 한 시간쯤 앉아 있습니다. 그리고 책을 읽는 대신 5분에서 10분쯤 완벽한 휴식을 위한 명상을 합니다. 언제나 호흡의 주인이 됩니다. 눈을 감고 배와 가슴의 오르내림을 살피면서 부드럽게 숨을 쉽니다. 숨이 너무 길지 않게 합니다.

그날에는 모든 동작을 다른 날보다 갑절로 느리게 합니다.

- **상호의존성에 대한 명상**

어릴 적 사진을 준비합니다. 결가부좌나 반가부좌로 앉아 호흡을 따라가기 시작합니다. 스무 번쯤 쉰 뒤에 앞에 놓여 있는 사진을 들여다봅니다. 그 사진을 찍었을 때 그대를 이루고 있던 오온을 되살려봅니다. 그 시절 몸의 특징, 느낌, 지각(知覺), 정신 작용, 의식을 다시 살아봅니다. 계속 호흡을 따라갑니다. 추억이 그대를 꾀어내거나 지배하지 못하게 합니다. 이 명상을 15분쯤 계속합니다. 그러는 동안 계속 빙그레 웃습니다.

이제 마음을 현재의 자신에게 돌립니다. 지금 이 순간 그대의 몸, 느낌, 지각, 정신 작용, 의식에 집중합니다. 그대를 이루고 있는 오온을 봅니다. 스스로에게 묻습니다. '나는 누구인가?' 이 물음이, 부드러운 흙에 깊이 묻혀서 물기에 젖어드는 씨앗처럼 그대 안에 깊숙이 뿌리를 내려야 합니다. 그대의 산만한 지성으로 다루는 추상적인 물음이어서는 안 됩니다. '나는 누구인가?' 지성만으로는 이 물음에 답할 수 없습니다. 머리로 대답을 궁리하지 않습니다. 그대를 이룬 오온 전체로 이 물음을 맞습니다. 10분쯤 명상을 하는 동안 철학적 사변에 빠져들지 않도록 가벼우면서도 깊은 호흡을 유지합니다.

- **그대 자신**

어두운 방 안이든 강변이든, 어디든지 혼자일 수 있는 곳을 택합니다. 호흡을 지켜보는 것으로 시작합니다. 그러면서 이렇게 생각합니다. '이제 내 손가락으로 나를 가리키겠다.' 그런 다음 손가락으로 자기를 가리키는 대신 맞은편을 가리킵니다. 그대 몸 바깥에 있는 그대를 보고 있다고 생각합니다. 그대 몸이 그대 눈앞에 나무 모양으로, 풀잎 모양으로, 강물 모양으로 있다고 생각합니다. 그대가 우주 안에 있고 우주가 그대 안에 있음을 명상합니다. 우주가 있으면 그대가 있는 것이고,

그대가 있으면 우주가 있는 것입니다. 태어남도 없고 죽음도 없습니다. 옴도 없고 감도 없습니다. 빙그레 웃습니다. 호흡을 지켜보면서 10분에서 20분 동안 명상을 합니다.

- **그대 해골**

    침대나 마룻바닥, 아니면 풀밭에 가장 편안한 자세로 눕습니다. 베개는 베지 않습니다. 호흡을 지켜보기 시작합니다. 그대 몸에 남아 있는 것은 땅 위에 누워 있는 백골(白骨)뿐이라고 상상합니다. 계속 빙그레 웃으며 호흡을 따라갑니다. 그대를 장사지낸 지 80년이 흘러 살점은 모두 분해되었고 해골만 남아 있다고 상상합니다. 머리뼈, 등뼈, 갈비뼈, 엉덩이뼈, 팔다리뼈, 손가락뼈, 발가락뼈를 자세히 살펴봅니다. 계속 빙그레 웃으며 가볍게 숨을 쉬고 몸과 마음을 고요하게 내버려둡니다. 그대 해골이 그대가 아님을 봅니다. 그대 육신은 그대가 아닙니다. 그대는 생명과 하나가 되어 나무, 풀, 다른 사람들, 새, 짐승들 속에서 하늘과 바다에 영원히 삽니다. 그대 해골은 그대의 한 부분일 뿐입니다. 그대는 모든 곳, 모든 때에 현존합니다. 그대는 몸뚱이나 느낌, 생각, 행동, 지식만인 존재가 아닙니다. 20분에서 30분 명상을 계속합니다.

- **그대가 태어나기 전의 참모습**

　결가부좌나 반가부좌로 앉아 호흡을 따라갑니다. 그대의 삶이 시작된 지점인 A에 의식을 집중합니다. 거기가 바로 그대의 죽음이 비롯된 곳이기도 하다는 사실을 알아차립니다. 그대의 삶과 죽음이 동시에 시작되었음을 봅니다. '저것'이 있어서 '이것'이 있습니다. 저것이 없었으면 이것도 없었을 것입니다. 삶과 죽음이 서로 기대어 존재함을 봅니다. 하나가 다른 하나의 바탕입니다. 그대 자신이 동시에 삶이면서 죽음임을 봅니다. 삶과 죽음은 적수가 아니라 같은 현실의 두 얼굴입니다.

　이제 그 두 양상이 끝나는 지점인 B에 의식을 집중합니다. 사람들은 그 지점을 죽음이라고 부르지만, 이는 틀린 말입니다. 거기가 그대 삶과 그대 죽음이라는 두 양상이 끝나는 곳임을 봅니다.

　A와 B 사이에 아무 차이가 없음을 봅니다. A 이전과 B 이후 속에서 그대의 참모습을 찾습니다.

- **사랑한 사람의 죽음**

　의자나 침대에 가장 편안한 자세로 앉거나 눕습니다. 호흡을 가만히 지켜보기 시작합니다. 몇 달 전 또는 수년 전에 죽어간 사랑한 사람의 몸을 명상합니다. 그 사람의 살점은 모두 분해되어 없고 해골만이 땅 속에 말없이 누워 있음을 분명하게 봅니다. 그대의 몸은 아직 여기 있으며, 그 안에 몸을 이루는 물질, 느낌, 지각, 정신 작용, 의식이 아직 쌓여 있음을 생생하게 느낍니다. 그 사람과 그대가 과거와 바로 지금 서로 나누는 상호작용을 생각합니다. 계속 빙그레 웃으면서 호흡을 지켜봅니다. 이렇게 15분쯤 명상합니다.

- **비어 있음**

결가부좌나 반가부좌로 앉습니다. 호흡을 따라갑니다. 오온, 즉 몸, 느낌, 지각, 정신 작용, 의식이 모두 비어 있음을 명상합니다. 하나씩 차례로 명상합니다. 그 모든 변화가 무상하며 자아를 지니고 있지 아니함을 봅니다. 오온의 집합은 모든 현상의 집합과 마찬가지로 상호 의존의 법칙에 지배받습니다. 그것들이 모였다가 다시 흩어지는 것은 흡사 산봉우리 부근에 구름이 모였다가 흩어지는 것과 같습니다. 오온을 붙잡지도 않고 거절하지도 않습니다. 좋아하고 싫어하는 게 모두 오온의 집합에서 오는 것임을 이해합니다. 그 오온이 자아도 없고 비어 있는 것이긴 하지만, 우주의 모든 현상이 경이로운 것처럼 경이롭고 모든 생명 현상이 경이로운 것처럼 경이롭다는 사실을 분명히 이해합니다.

오온 자체가 궁극적 실체인 까닭에 생겨나지도 않고 없어지지도 않는 것임을 이해하려고 노력합니다. 이 명상을 통해 무상도 개념이요, 비자아도 개념이요, 비어 있음(空)도 개념임을 깨달아, 무상, 비자아, 비어 있음의 개념에 갇히는 일이 없도록 합니다. 그대는 비어 있음 또한 비어 있는 것임을, 비어 있음의 궁극적 실체가 오온의 궁극적 실체와 다르지 않다는 것을 알게 될 것입니다.

이 수행은 앞의 다섯 가지 수행을 모두 마치고 나서 해야 합니다. 수행 시간은 사람마다 다르겠지만 한 시간이나 두 시간쯤 될 것입니다.

- **그대가 가장 미워하는 이를 위한 자비심**

고요히 앉습니다. 숨을 쉬면서 빙그레 웃음 짓습니다. 그대를 가장 힘들게 한 사람의 모습을 떠올립니다. 그 사람의 밉거나 싫은 모습을 생각해보고, 가장 역겨운 장면을 그려봅니다. 그의 일상생활 속에서 무엇이 그를 행복하게 해주고 무엇이 그를 고통스럽게 하는지 자세히 살펴봅니다. 그의 지각 작용을 들여다보아, 그가 어떤 사고방식과 논리에 따라서 생각하고 행동하는지를 보려고 노력합니다. 그의 기대와 행위가 어떤 동기에서 이루어지는지 자세히 살펴봅니다. 끝으로 그의 의식을 관찰합니다. 그의 견해와 통찰이 열려 있고 자유로운지, 아니면 닫혀 있고 부자유스러운지, 그가 무슨 편견이나 좁은 마음, 증오, 분노 따

위에 사로잡혀 있는지 아닌지를 봅니다. 그가 자기 삶의 주인인지 아닌지를 봅니다. 맑은 물이 샘솟는 우물처럼 그대 가슴에서 자비가 우러나는 걸 느낄 때까지, 분노와 앙심이 사라질 때까지 계속합니다. 같은 사람을 상대로 여러 번 수행합니다.

- **지혜의 부족으로 말미암은 고통**

결가부좌나 반가부좌로 앉습니다. 호흡을 따라갑니다. 그대 주변에서 가장 큰 고통을 겪고 있는 사람이나 가족, 또는 사회의 상황을 골라 이번 명상의 주제로 삼습니다.

대상이 사람일 경우, 그가 겪고 있는 모든 고통을 보려고 노력합니다. 질병, 가난, 통증처럼 몸으로 겪는 괴로움에서 시작하여, 내면 갈등, 불안, 증오, 질투, 양심 가책처럼 감정들로 말미암은 고통으로 나아가며 살펴봅니다. 그다음 비관주의나 좁고 어두운 시각으로 자기 문제를 보는 것처럼 지각(知覺)으로 말미암은 고통을 떠올립니다. 그의 정신작용이 불안, 실망, 절망, 또는 증오에서 비롯되지 않는지 살펴봅니다. 그의 의식이 상황 때문에, 그가 겪는 고통 때문에, 주변 사람들 때문에, 교육, 선전 또는 자제력 부족 때문에 닫혀 있는지 아닌지를 살핍니다. 그대 가슴에 시원한 샘물 같은 자비심이 솟아날 때까지, 그가 상황이나 무지 때문에 고통받고 있음을 알아차릴 때까지, 이 모든 고통들을 계속 명상합니다. 가능한 한 가장 소리 없이 겸허하게, 그를 지금 상황에서 나오게끔 도울 결심을 합니다.

대상이 가족일 경우에도 같은 방법을 따릅니다. 한 식구에서 시작하여 다음 식구로 넘어가는 식으로, 온 식구의 고통을 두루 살필 때까지 가족이 겪고 있는 고통을 봅니다. 그들의 고통이 바로 그대의 고통임을 알아차립니다. 그들 가운데 아무도 비난받아야 할 사람이 없음을 알아차립니다. 가능한 한 가장 소리 없이 겸허하게, 가족을 지금 상황에서 벗어나도록 그대가 도울 결심을 합니다.

대상이 사회일 경우, 전쟁이나 다른 어떤 불의한 사태로 고통을 겪고 있는 나라의 상황을 선택합니다. 그 갈등과 분쟁에 휘말려든 사람들 모두가 희생자임을 봅니다. 전쟁을 일으킨 쪽 사람들이나 그 반대편 사람들 가운데 누구도 고통이 계속되기를 바라지 않는다는 사실을 봅니다. 그런 상황이 초래된 것을 한 사람이나 몇 사람 탓으로 돌릴 수 없음을 이해합니다. 모든 사람이 무지하거나 상황을 변화시킬 결심이 부족한 결과로 불의한 경제 체제나 이념에 사로잡힌 탓에 그런 상황이 벌어졌음을 봅니다. 서로 갈등하고 싸우는 양쪽이 진짜 적수가 아니라 같은 현실의 두 얼굴임을 알아차립니다. 가장 본질적인 가치는 생명이고, 살생이나 억압은 아무 문제도 해결하지 못한다는 사실을 깨닫습니다. 『유마경』에 있는 다음 말씀을 기억합니다.

전쟁이 벌어졌을 때에는
네 속에 자비심을 일으켜
모든 살아 있는 것들을 돕고
싸울 뜻을 버려라.
격렬한 싸움이 벌어지는 곳에서는
있는 힘을 다하여
양쪽의 힘을 대등하게 한 다음
분쟁을 화해로 이끌어라.

모든 앙심과 증오가 사라질 때까지, 그대 안에 자비와 사랑이 샘물처럼 솟아날 때까지 명상을 계속합니다. 가능한 한 가장 소리 없이 겸허한 방법으로 깨달음과 화해를 위해 일하기로 결심합니다.

- **초연한 행동**

결가부좌나 반가부좌로 앉습니다. 호흡을 따라갑니다. 그대가 중요하다고 생각하는 사업 계획을 명상 주제로 삼습니다. 그 사업의 목적, 쓰이는 수단, 참여하는 사람 들을 차례로 살펴봅니다. 우선 목적을 생각해봅니다. 그 사업이 칭찬이나 인정을 받기 위해서가 아니라 사람들을 돌보고, 고통을 덜어주고, 자비를 실현하기 위해서 진행됨을 봅니다. 사업에 쓰이는 수단들이 사람과 사람 사이의 협력을 툭돋아주는 것임을 봅니다. 그 사업을 자선사업쯤으로 생각하지 않습니다. 그 일에 결부된 사람들을 떠올립니다. 아직도 그대는 돌보는 사람과 돌봄받는 사람을 따로 놓고 보고 있습니까? 만일 그대가 돌보는 사람과 혜택을 입는 사람으로 나누어서 보고 있다면, 그대의 일은 그대와 봉사자들을 위한 것이지 봉사 그 자체를 위한 것은 아닙니다.

『금강경』에 이런 구절이 있습니다. "보살은 온갖 중생을 건너편 언덕으로 데려다주지만 실제로는 어느 중생도 건너편 언덕으로 가는 데 도움을 얻은 바 없다."

어디에도 집착하지 않는 마음으로 일할 것을 다짐합니다.

- **초연함**

결가부좌나 반가부좌로 앉습니다. 호흡을 따라갑니다. 그대 생애에서 뜻깊었던 성공 사례들을 떠올리고 하나씩 검토합니다. 그대의 재능, 장점, 능력, 그리고 그대를 성공으로 이끌어준 유리했던 조건들을 떠올립니다. 전체 과정에 상호의존성의 빛을 비춥니다. 그리하여 성공은 그대 혼자 이룬 것이 아니라 그대 능력 밖에 있는 여러 가지 유리한 조건들에 의한 것임을 이해합니다. 그것을 알면 그대는 그대가 이룬 것들에 얽매이지 않을 것입니다. 성공을 놓아버릴 수 있을 때에만 그대는 진정 자유로울 것이고 더 이상 그것에 시달리지 않게 됩니다.

그대 생애에서 비참했던 실패들을 떠올리고 하나씩 검토합니다. 그대의 재능, 장점, 능력, 그리고 그대를 실패로 이끌었던 불리한 조건들을 떠올립니다. '나는 성공할 수 없을 거야.' 이런 느낌에서 생겨난 그대 내면의 모든 열등의식을 살펴봅니다. 전체 과정에 상호의존성의 빛을 비춥니다. 그리하여 그대의 실패가 그대의 능력 부족에만 원인이 있는 게 아니라, 오히려 유리한 조건이 갖추어지지 않은 데 더 큰 원인이 있음을 이해합니다. 실패의 그 모든 책임을 그대 혼자 질 수도 없고, 또 실패가 그대 자신은 아님을 이해합니다. 그것을 알면 그대는 실패에서 자유로워집니다. 실패를 놓아버릴 수 있을 때에만 그대는 진정 자유로울 것이고 더 이상 그것에 시달리지 않게 됩니다.

- **포기하지 아니함에 대한 명상**

결가부좌나 반가부좌로 앉습니다. 호흡을 따라갑니다. 상호의존성을 이해하기 위해서 했던 명상들 가운데 하나를 고릅니다. 그대 자신에 대한 명상을 하든지 그대 해골에 대한 명상을 하든지, 아니면 죽은 사람에 대한 명상을 하는 가운데, 모든 것은 무상하고 영원하지 않음을 봅니다. 아울러 비록 무상하고 영원하지는 않더라도 모든 것이 경이롭다는 사실을 봅니다. 그대는 조건 지어진 것들에도 묶여 있지 않지만 조건 지어지지 않은 것들에도 묶여 있지 않습니다. 성인(聖人)을 보십시오. 그는 상호의존성에 대한 가르침에서 떠나 있지만 그 가르침에서 떠나 있지도 않습니다. 그는 그 가르침을 식은 재처럼 던져버릴 수 있지만 여전히 그 가르침 안에 머물러 있으며, 그 가르침에 빨려 들어가지도 않습니다. 그는 물 위에 떠 있는 배와 같습니다. 깨달은 사람들은 중생을 돌보는 일의 노예가 되지도 않지만, 중생 돌보는 일을 결코 포기하지도 않습니다. 명상을 하여 이 사실을 봅니다.

옮긴이 글

현존하는 인류의 큰 스승 틱낫한 스님이 평생 가르침의 진수(眞髓)를 담아놓은 이 책을 그리스도교 전통에서 나고 자란 제가 번역하여 출판하게 된 것이야말로, 영험하신 부처님이 당신의 한없는 자비와 사랑으로 머잖아 인류가 맞게 될 참자유와 평화의 세계를 보여주고 열어주고자 베푸시는 무량공덕이라고 생각합니다.

그저 고맙고 다시 고마울 따름입니다.

2013년 봄
觀玉 합장

살아가는 모든 순간을 기적으로 바꾸는
틱낫한 명상

2013년 4월 26일 초판 1쇄 발행
2025년 4월 23일 초판 12쇄 발행

지은이 **틱낫한** • 옮긴이 **○ 현주**
발행인 **박상근(至弘)** • 편집인 **류지호** • 편집이사 **양동민**
편집 **김재호, 양민호, 김소영, 최호승, 정유리** • 디자인 **쿠담디자인**
제작 **김명환** • 마케팅 **김허현, 김대우, 이선호, 류지수** • 관리 **윤정안**
콘텐츠국 **유권준, 김희준**

펴낸 곳 **불광출판사** 03169 서울시 종로구 사직로10길 17 인왕빌딩 301호
대표전화 02) 420-3200 편집부 02) 420-3300 팩시밀리 02) 420-3400
출판등록 1979. 10. 10(제300-2009-130호)

ISBN 978-89-7479-027-1 03220

값 15,000원

잘못된 책은 구입하신 서점에서 바꾸어 드립니다.
독자의 의견을 기다립니다. www.bulkwang.co.kr
불광출판사는 (주)불광미디어의 단행본 브랜드입니다.